体育の「主体的・対話的で深い学び」を支える ICTの利活用

鈴木直樹・鈴木一成 編

創文企画

はじめに

　1990年代前半、私が大学生だった頃、プログラミングの授業を受講していました。その授業では、C言語で決められたプログラムを打ち込んで、簡単な翻訳プログラムを作るものでした。授業は、コンピュータ室で行われ、コンピュータは、その隣にあるコンピュータ室と同じくらいの大きさがあるスーパーコンピュータと接続されていました。記憶媒体は、5インチのフロッピーディスクでした。

　先日、10年前に指導した教え子が久しぶりに研究室を尋ねてきました。なんでも、学校でICT（Information and Communication Technology）機器の利用が盛んになって来て、ICTの利活用について学ぶ為に大学で研修を受けていたそうです。そこで、私の大学時代のコンピュータの話をしました。当たり前のように、「5インチのフロッピー」と話すと、ぽかんとした顔をしていました。そして、「フロッピーって何ですか？」と言われました。私はその回答に、「3.5インチのフロッピーになる前に、もう少し大きいフロッピーがあったんだよ」と言いました。すると、「えっ。私、フロッピーって知りません」と言われました。3.5インチのフロッピーを使って、仕事をしていたことは、そんなに昔の感覚がなく話していた自分がいました。実際、私の研究室の中にある棚には、フロッピーディスクがまだ存在していました。実は、十数年前には、まだまだ当たり前だった技術が、もはや使用されない技術となっていることを強く実感しました。これから10年後には、私たちが使っている現代的技術も、淘汰されていくのではないかと思うと時代の変化に恐怖さえ感じます。

　実際、社会が超高度情報化社会を迎え、平成29年に告示された学習指導要領では、体育科において各領域の指導をする際、コンピュータや情報通信ネットワークなどの情報手段を積極的に活用することとされました。このように超高度情報化社会が進展する中で、ICT機器を体育の授業実践でも適切に利活用することで、「主体的・対話的で深い学び」の実現を目指す取り組みが期待されています。一方、時代の大きな変貌とは対照的に、体育授業の風景はあまり変化がないように感じています。私自身、20年以上前から、ICTを利活用して体育で授業実践をやってきました。しかし、その20年も前のことと、現在も同じような実践が展

開されているのが現状であるように感じています。すなわち、動きづくりに対しての模範の提示、動きを撮影しての分析にとどまっていることがほとんどではないかと思います。平成10年の学習指導要領では、「心と体を一体としてとらえ…」という文言が体育の目標に加わり、それまでの頭が体をコントロールするという考え方に一石を投じたといってよいと思います。しかしながら、伝統的な発想でICT機器を活用すると、この発想への回帰も懸念され、よりよい体育授業実践の実現にはつながらない可能性があります。これは、ICTの特性を十分に理解し、その活用方法を深く理解できていないことが問題であると考えます。そこで、本書は、このような現状に対して応えるべく、企画されました。

編集は、共にICTの利活用を研究してきた鈴木直樹と鈴木一成が行い、その共同研究者達の実践や実践を通して得た理論を提示する形で書籍を整理しています。第2章では、実際に活用してきた実践者たちの思いに共感してもらえるように、ICT利活用のよさへの気づきを整理しています。第3章では、ICTを利活用することで、これまでの授業とは違う姿を見せている様子について具体的に提示します。第4章では、ICT利活用とかかわって、代表的な悩みや質問を取り上げ、丁寧に回答をしました。第5章では、ICT利活用の理論を整理し、科学的根拠に基づいて実践につなげることができるように工夫しています。第6章では、私たちが研究によって導いたICT利活用の場面を整理し、その場面ごとの活用方法について記述しています。なお、文中では読者の皆様にリアリティを感じながら状況をイメージしてもらうために、個人の名前を全て仮名ではありますが、具体的に表記しています。

本書は、体育でICTを利活用する為のスタートラインに立ちたい人や、もっと工夫してICTの利活用を考えていきたい人達の欲求を満足させるものとなっています。本書を手にとって頂き、考えを共有し、新たな体育の未来を創っていくパートナーになって頂ければ、この上ない喜びです。

平成31年2月
編者：鈴木直樹

体育の「主体的・対話的で深い学び」を支えるICTの利活用
目　次

はじめに──1

第1章　ICTが生み出す体育の未来──7
　1．教育の情報化の進展──8
　2．変化しないICTの利活用──8
　3．ICTが「つなぐ」──9
　4．体育の新たな未来──10

第2章　ICTを利活用した実践者たちの声──11
1　「20秒先の未来を創る」ICTの利活用──12
　　：「はみ出す怖さ」から「はみ出る面白さ」へ
2　「子どもの学びを意味づける」ICTの利活用──13
　　：生徒と創り上げた持久走の新たな学び
3　「思考に注目して学びをつなぐ」ICTの利活用──14
　　：運動と出会い考え、創造していくコミュケーションツールとしてのICT
4　「学習・指導の振り返りを有効にする」ICTの利活用──15
　　：チームの考えに沿った指導を
5　「ズレに気づき、課題を発見することができる」ICTの利活用──16
6　「ボールゲームの課題解決学習に生きる」ICTの利活用──17
　　：課題の「発見」から「解決」を促すツール
7　「教師と子どもが共に成長できる」ICTの利活用──18
　　：小さな変化への大きな気づき

第3章　実践で語る新しい授業実践のカタチ──19
1　ICTがうみだす新しい教師の役割──20
　　1．困っています…──20
　　2．学びのコンシェルジュ──22
　　3．「学びのコンシュルジュ」を目指して──28

2　ICT がうみだす新しい絆——30
　　1．ICT でつなぐ「子ども」「保護者」「教師」——30
　　2．ICT でつなぐ「子ども」と「子ども」・「子ども」と「教師」——31
　　3．ICT でつなぐ「子ども」と「保護者」・「保護者」と「教師」——35
　　4．ICT がうみだすこれからの絆——38
3　ICT がうみだす新しい深い学び 1——40
　　1．時空を超える学び——40
　　2．小学 4 年・表現運動　〜ウミガメになる子どもたち〜——41
　　3．小学 6 年・陸上運動　〜1 年時にタイムスリップ〜——45
　　4．時空を超えて、相手の思いを身をもって知る——49
4　ICT がうみだす新しい深い学び 2——50
　　1．子どもの深い学びを考えず、ICT を授業で活用するだけで満足することの危険——50
　　2．身近にあるソフトウェアを活用した ICT がうみだす新しい授業実践：小学 6 年・体つくり運動—力強い動き及び動きを持続する能力を高める運動——51
　　3．新しいコミュニケーションの可能性——58

第 4 章　体育における ICT 利活用の Q&A——61

1　革新的な 8 つの新技術で教育も変わる！——62
　　1．暗号のような言葉…——62
　　2．革新的な新技術——63
　　3．教育も変わる！——65
2　体育科でプログラミング的思考を育もう！——66
　　1．小学校段階でのプログラミング教育——66
　　2．体育でのプログラミング教育——67
3　「学習活動の量的フレーム」と「学習内容の質的フレーム」——70
　　1．なぜ、体育で ICT を使うのか——70
　　2．「運動する時間」vs「ICT の操作時間」（学習活動の量的フレーム）——70
　　3．ICT の「I」と「C」にこだわる（学習内容の質的フレーム）——71
4　最低限必要な情報機器の環境づくり——74
　　1．「各学校において」情報機器の環境整備をする——74
　　2．情報機器の環境整備とその利活用例——74
　　3．タブレット型端末 1 台を利活用した体育の実践例——75
　　4．最低限必要な情報機器の環境とは——77

5 まずはこれ！ ICT 機器の購入とその順番——78
   1．まずはこれ！——78
   2．実際の活用例——79
   3．ICT 機器のそろえ方——81
6 消極的から積極的な活用へ！「ICT 機器の有効管理」から！——82
   1．あるある質問をやっつけろ！——82
   2．準備、片付けなどの【時間不足問題】に迫る！——82
   3．バッテリーや保存場所、保存容量などの【機器管理問題】に迫る！——84
   4．成果と今後の課題——85
7 壊れやすい原因から考える快適 ICT 利活用——86
   1．はじめに——86
   2．ICT 機器が壊れやすい原因と対策——86
   3．おわりに——89
8 ICT 利活用の秘訣——90
   1．はじめに——90
   2．義務感型の活用から必要感型の活用へ——90
   3．運動時間を増加させる利活用を——92
   4．気づきを促す利活用を——92
9 タブレット端末の指導順序——94
   1．まずは「何のために ICT を活用するのか」という目的をもとう！——94
   2．次に「ICT を特別な道具にしない」ように使用頻度を増やそう！——95
   3．最後に子どもが撮る「視点」について考えることを大切にする——96
10 ICT 利活用と個人情報の保護——98
   1．はじめに——98
   2．情報セキュリティの基本——98
   3．おわりに——101

第 5 章　体育における ICT 利活用の理論——103

1 ICT 利活用にかかわる教育施策——104
   1．はじめに——104
   2．「情報活用能力」の育成——104
   3．学習環境の整備（ICT 利活用の環境整備）——106
   4．学習指導の充実——109
2 体育における ICT 利活用の 4 つの誤解——114
   1．はじめに——114

2．ICT利活用の誤解——114
　　3．まとめ——121
3　体育におけるICT利活用の成果と課題——122
　　1．はじめに——122
　　2．導入での成果と課題（生産性ツール）——122
　　3．適用における成果と課題（教師による学習支配「従来指導の補助ツール」）——124
　　4．融合における成果と課題（教師による学習支援「最適ツールの選択」）——125
　　5．転換における成果と課題（教師による学習支援「革新的な学習環境の創造」）——127
　　6．おわりに——129
4　体育におけるICTの利活用の系統性——132
　　1．はじめに——132
　　2．ICT利活用の見慣れた風景…——133

第6章　体育におけるICT利活用のアイデア——139

1　体育におけるICT利活用場面——140
2　活動提示場面のアイデア—思考ベースの学びに転換するために——144
　　1．子どもたちの振り返りから——144
　　2．活動提示場面におけるICTの利活用で5つの「つなぐ」を実現！——145
　　3．活動提示場面でのICTの利活用を通して見えてきたこと——154
3　問題解決場面のアイデア——156
　　1．はじめに——156
　　2．映像の記録を活用した問題解決——158
　　3．話し合いの記録を活用した問題解決——163
　　4．おわりに——165
4　評価場面のアイデア——168
　　1．はじめに——168
　　2．個人やチームの気づきを評価するアイデア——169
　　3．蓄積したデータの活用アイデア——175
　　4．まとめ——179

あとがき——181
執筆者プロフィール——183

第1章
ICTが生み出す体育の未来

鈴木直樹（東京学芸大学）

第 1 章　ICT が生み出す体育の未来

1．教育の情報化の進展

　Windows95 の登場は、世界に大きな衝撃を与えました。それまで、特別な道具として位置付いており、なかなか簡単には手を出すことができなかった道具が、手の届くところにまで来て、手を延ばしたい道具へと変貌を遂げた時であったように思います。例外もなく、私も程なくそのコンピュータを手に入れ、しばらくはワープロとパソコンを併用して使用していましたが、ワープロが手を離れていくのに、そんなに長い年月は必要ありませんでした。それほど、急速にパソコンが進化し、身近になっていったのです。そのような流れは、学校教育にも及び、情報教育と呼ばれる分野では、コンピュータの導入に向けての研究が進んでいきました。一気に研修の数も増え、教育の情報化が推進されていくことになりました。1990 年代の終わりはまさに学校教育が新たなステージに立った時だったと思います。

2．変化しない ICT の利活用

　そのような激動期、教員採用は少なく、若手といわれる 20 代の教員はごく少数でした。そのような時代に到来した新たな機器であるコンピュータの活用に対して、若手に期待されることが多く、私もその一人でした。学年の情報活用の担当となり、活用方法を提案し、活用を支援する立場になった私は、必死にコンピュータと向かい合って授業での活用を考えていたことを記憶しています。そして、自作教材を製作し、授業での活用を考えていきました。その中の一つに器械運動での自作教材がありました。これは、当時、活用していた紙資料の学習カードで示していた動きの分解図の代わりに動画で動き方を提示し、自分の課題に応じて選択が可能なようにした教材でした。また、技ができないつまずきが提示されており、それをクリックすると練習方法を動画で見ることができるようにもなっていました。このように学習課題に取り組む上で手がかりを視覚化し、授業で活用することで、動きの習得を目指したソフトでした。このようなソフトを、平成 8 年当時ではまだ珍しかったラップトップ型のコンピュータに入れ、体育館に持ち込んで、使用していました。そこでは、単に動きの確認にとどまらず、教え合い学習を併用し、動きを分析しあって修正すべき点とその修正に向けてのポイントをアドバイスし合うような学習が展開されたのでした。この時に作成したソフトは、優秀な自作教材として複数の場で表彰を受け、新しい授業支援のツールとして紹介されました。

それからおよそ約20年が経ちました。自動車電話といわれた携帯電話が、手持ちになり、コンパクトになり、さらにスマートフォンと呼ばれるようなものへと形態変化していったことに象徴されるように、この20年でICT機器は劇的な変化を遂げました。同時に社会も大きく変貌しています。教育現場でも、平成10年、平成20年、平成29年と学習指導要領は3度改訂されました。しかしながら、

写真1　20年前のコンピュータ活用

ICTを利活用した授業実践例に目を向けると未だに「動きの提示」や「動きの分析」といったものから変化がないのが現状ではないかと感じてしまいます。社会の変化や教育動向の変化、そしてICT機器の大きな変化があり、ICT機器の存在論や認識論の大きな転換がある中で、教育におけるICT利活用の仕方に変化が見られないことに、矛盾さえ感じてしまいます。

3．ICTが「つなぐ」

　一方で、ICTが教育の中で浸透していく中で、新たな局面も感じています。それは、「つなぐ」ということです。現代社会は、ネットワーク社会ともいわれますが、まさにその言葉が象徴するように、学びのネットワークも変化しつつあるように感じます。これまで対面による人と人によるネットワークが、ICTを介して人をつなぎ、知識をつなぎ、モノをつなぎ、時空を超えてのネットワークが拡がるようになりました。これは教育を大きく変える可能性があると感じています。すでに教室で行われる教科では、これが現実になっていると思います。かつて私は小学校で20年前にインターネットを介した授業を実践したことがあります。それは、国内外の各学校に依頼をして、同時刻に一斉に空の写真を撮影し、送信してもらうというものでした。当然のことながら、時差のある国では、夜もあれば、朝もあります。日本国内でも天気も違います。「いま―ここ」のリアルな時間を体験しながら、経験するその違いから、子どもたちは、天気の変化についての気づきや時差に関する気づきなどをしていきました。総合的な学習の一環として実施したわけですが、主体的に仲間と協働的に理科や社会と関連する学習を展開していきました。「つながり」から学習を深めていくことを感じた瞬間でした。あれから、20年経ち、ネットワーク社会はますます進展してきました。高速化、大容量化が進み、可能性もますます広がっているといえます。教室でのネットワーク活用の整備はすでに進んできていますが、最近では災害時の避難場所として体

第 1 章　ICT が生み出す体育の未来

育館が使用されることから、体育館にもネットワークが整備されるようになってきました。さらに、屋外でもネットワークが使用できるようなルーターも発売されています。体育でも新たな「つながり」を作り出す機会が増えているといえます。すなわち、これまでとは異なるコミュニケーションの中で学びを深めていく可能性があるといえます。ICT は、学びの世界に新たな「つなぐ」をもたらし、新たな学び方を作り出していくと考えられます。そして、これは大いなる可能性を秘めているといってよいと思います。

4．体育の新たな未来

　時代が劇的な変貌を遂げ、その中で ICT は我々の生活と切り離せないものとなっています。その中で生まれた新たなコミュニケーション形態は教育の中で生かされ、育まれていく力であるといえます。それにもかかわらず、旧態依然とした ICT の利活用はアナログ文化の踏襲でしかないといえます。今こそ変わらなければなりません。そのためには、ICT の使い手となる教師側の大きな認識転換が必要です。しかも、スポーツ科学における ICT 利活用に強い影響を受けるのではなく、体育学習における ICT の利活用としてのアイデンティティを確立し、成長していく必要があります。そのために、現状で乗り越えなければならない課題は 3 つあるといえます。

　第一に、教師側の意識改革が必要です。第二に、ICT 利活用の考え方の確立が必要です。第三に、インフラの整備が必要です。これらの課題を克服し、"超"高度情報通信社会における次世代の体育における ICT 利活用の提案をしていくことが我々に課せられた使命であると自覚しています。

　このような中で体育の新たな未来が生まれていくと思います。ICT は、体育のよりよい未来を開く扉なのかもしれません。体育に ICT など不要などといって自分を防御しているような時代錯誤なことを言ってはいられません。子ども達の為と本気で考えるならば、教師が変わらなければなりません。教師自身が未来の扉をあけようとしなければ、教育は変わりません。その為の書籍が本書です。

※本章は、東書 E ネットに掲載された「1) 次世代における体育の ICT 活用（体育における ICT の活用方法）」（鈴木直樹，2016）を修正し、作成しました。

第2章

ICTを利活用した実践者たちの声

第2章　ICTを利活用した実践者たちの声

1 「20秒先の未来を創る」ICTの利活用
「はみ出す怖さ」から「はみ出る面白さ」へ

成戸輝行（愛知教育大学附属名古屋小学校）

　私には忘れられない授業があります。右の連続写真は、その一つのシーンです。「①打者の周りにメンバーが集まる」「②出塁方向かつ進塁逆方向へ打ち、相手チームは手を伸ばすが…」「③相手チームは取れず」「④見事に進塁と出塁に成功する、とともにメンバーのガッツポーズ」という20秒間です。あっという間です。たかが20秒間。

　されど、そこには見落としがちな、何気ない「小さな動き」がしっかりと映像として残っています。授業後、ゲーム映像を同僚と何度も視聴すると、授業では見えていなかった子どもの学びが浮かび上がり、私にとっては「大きな発見」の連続でした。そのゲーム映像は、子どもの中で何が起きているのかを、一つひとつ私たちに教えてくれているようでした。私は、子どもたちがゲームからこんなにも学んでいるのかと思うと、どんどん自分の授業の枠からはみ出していく子どもの学びに愕然としました。20秒先の未来に、こんな筋書きのないドラマが待っていたのか、そこでこんなにも学んでいたのか、そう思うと、脚本通りを信じて疑わなかった従来の授業と対峙し始めていました。

　もしかすると、私は「はみ出すこと」を恐れていたのかもしれません。以前は、倒立の練習をさせるときに、デジタルカメラを使用させていました。動きを撮って、手本と比較させる授業。常に「正しい動き」が存在し、そこからはみ出した動きは間違い・失敗であるというものでした。統率がとれた想定内の授業。それでいいと言い聞かせていました。でも、どこか苦しさを感じていました。

　20秒先は今と変わらず、ただ、はみ出さないように進むだけの授業。

　そして、今。ゲーム映像が私にたくさんの気づきをもたらしてくれたように、今度は、授業の中でICT利活用して、20秒先の未来、それを子どもと共に創りたいと思います。「はみ出す怖さ」から「はみ出る面白さ」へ、ICTと共に。

2 「子どもの学びを意味づける」ICTの利活用
生徒と創り上げた持久走の新たな学び

水野廣貴（瀬戸市立東明小学校）

「やばい、涙が出ちゃうんだけど」。校舎を曲がった千咲たちは思い出を語り合い、とても楽しそうに走っていきました。3日後は彼女たちの卒業式。

「持久走なんて大嫌い!!」千咲は周囲に公言していました。他の生徒も同じ気持ちでした。私は持久走の魅力を伝えようと教材研究に励みました。そんな気持ちを察し、多くの生徒が一生懸命取り組んでくれました。一方、生徒のがんばりに応えきれない自分の指導力に胸が痛みました。

そんな彼女たちと中学校生活最後の授業として、「思い出マラソン」という実践を行いました。生徒主体でコース上に趣向を凝らした課題を作り、持久走を楽しむというものです。また、コース上に3年間の思い出の写真を掲示しました。もちろん生徒たちは知りません。その中には千咲が大好きなダンスをみんなと夢中になって踊っている写真も入っていました。「苦しい持久走」この印象を少しでもよいものに変えて卒業してほしかったのです。

当日、生徒とともに多くの教職員が集まりました。全学年単学級、教師と生徒は気心知れた家族のような関係です。とても温かい雰囲気でした。しかし、千咲は下を向き、なんとなく冴えない表情でした。そんな中、スタートの合図とともに走り始めました。間もなく、彼女は写真に気づきました。その瞬間、目を潤ませ、口を覆い、仲間を手招きして写真を指差しました。表情は一変、大嫌いな持久走に取り組んでいるとは思えない素敵な笑顔が見られました。

「大人になると今よりもっと運動をしなくなってしまうかもしれないけれど少しでも続けていけるようにしていきたいです。」これは授業後の感想です。本実践が、彼女にとって少なからず意味があったのかと思いました。

今回、千咲は今と過去、自分と仲間をつなげることで自らの学びに意味づけを行いました。ICTは学びの振り返りを行う上で大きな支えとなりました。また、わたしたちが取り組んできた持久走は単に持続する力を身につける手段ではなく、「気づきと交流」という新たな学びをとらえ直すきっかけともなりました。

※中学校に勤務していた当時の実践です。

第2章　ICTを利活用した実践者たちの声

3 「思考に注目して学びをつなぐ」ICTの利活用
運動と出会い考え、創造していくコミュケーションツールとしてのICT

松田綾子（廿日市市立四季が丘小学校）

　２年生の子どもたちに「体育で楽しいことはどんなことですか？」と聞くと、４月は「鬼ごっこ」「跳び箱」「縄とび」等の活動をあげていましたが、７月末には、「アイデアを拡げて今までにない遊びを創れることが楽しい！」に変わりました。
　子どもたちは、自分自身が考え出した一つひとつの動きを、運動の内容と関係付けて変化させたり、仲間が考えた動きと組み合わせたりしながら、さらに面白い動きを創り出すことで、思考する喜びや運動の楽しさを全身で感じていました。
　このように思考ベースの学びへつなぐことができたのは、授業にICTを取り入れたからです。子どもたちは「活動を映像で残す」ことはすぐにできました。さすがスマホ世代です。しかし、ただ活動を撮るだけではなく、何を、どこから、何のために撮るのか等、活動を工夫するための基盤となる情報を効果的に得て、活動に見通しをもてるようにするために撮影させました。そして、その映像を学習成果として活用することで、自己理解・自己評価を促し、次にどんなことをやってみたいか、どんなことに気を付けるのか、どんな工夫を取り入れるともっと楽しくなりそうかなどの発問を補いながら、子ども自身が考えることができるようにしました。そうすることで、考えることに楽しさを感じながら

課題を解決しようとする姿が見られるようになりました。また、活動を映像で撮る→見たくなる→気づきやアドバイスを話したくなる…という動きへの関心と自分の思いを伝えたいという意欲が高まり、さらに、映像を通してさまざまな運動と出会い、もっと楽しくなるような工夫を考え、創り出し、実際にやってみるという過程が生まれてきました。「いま―ここ」にある映像を通して仲間とのコミュニケーションを図りながら新しい動きを創ることができました。子どもたちが撮りためた映像には、たくさんの価値ある学びの足跡を発見できます。「こんな動きを発見したんだ！」「この動き、おもしろい！　この動きが生まれた過程を知りたい！」「こんな動きを取り入れた意図は何だろう？」等、個々の子どもに問うてみたり、次時の授業で全体に投げかけたりすることで、これまでの学びの中にはなかった新しい視点での対話を展開することもできました。

4 「学習・指導の振り返りを有効にする」ICTの利活用　チームの考えに沿った指導を

山口正貴（三鷹市立大沢台小学校）

　ボール運動を授業で行うとき、私はいつも「チームとしてどのように協力していくのか」話し合う時間を設けます。しかし、全てのチームがどのような話し合いをし、どのような作戦を立てているのか完全に把握することができません。実際に話し合い後のゲームでは、チームにあった指導・助言が適切にできていなかったように思います。教師が理想とする動きなどを求めた指導・助言になっていることを自覚し、悩んでいました。そこで、子どもたちが話し合ったことを「次のゲームはこのように協力します」とホワイトボードを使用しながら説明しているところをタブレットを使って撮影させました。

　ある日のボール運動でのゲーム中、不思議な動きをしたチームがありました。そこで、作戦を説明している動画を見ると、見事にその動きに挑戦しているのだと分かりました。チームがどのような話し合いをしたのか、数十秒でまとめられた動画を教師が見ることで、目の前でゲームを行っている子どもたちの動きに対し、「このチームは、今こんなことを考えながらゲームに取り組んでいるのか」とチームの作戦を把握してそのチームにあった指導をすることができました。

　さらに、自分たちの話し合ったことができていたかを確かめられるよう、タブレットでゲームを撮影させ、振り返りの場面で活用しました。以前の子どもたちの振り返り場面では、「あの時の動きだけど…」と話している姿がありました。「あの時」とは「どの時」なのか、他の仲間にも私にも分かっていませ  んでした。しかし、動画があることにより、「あの時」が「この時」に変わり、「この時は、すごく良かった」と振り返る子どもたち。私も、「この時、どう動けばよさそうかな」などと振り返りながら指導することができました。

　タブレットを活用することで、子どもと子ども、子どもと教師の繋がりをより深めて体育の学習を行うことができました。

第2章　ICTを利活用した実践者たちの声

5 「ズレに気づき、課題を発見することができる」ICTの利活用

本山寛之（大阪市立堀江小学校）

「ええぇっ！」

　ICTを利活用するようになって、こんな声が聞こえるようになりました。この声は、子どもたちの気づきの「ええぇっ！」です。例えば、陸上のリレーの授業に取り組んでいた時のことでした。本田さんは、上手にバトンを次の走者に渡しているのに、なぜバトンをスムーズに受け取ってくれないのか、少し苛立っていました。本田さんは、足が速く、周囲からも一目置かれる存在でした。そんな本田さんに対して友達も申し訳なさそうに、バトンをもらう度に「ごめん」を繰り返していました。そのような時、バトンの受け渡しをタブレットで撮影して振り返る機会がありました。本田さんは、その映像を見て愕然とします。なぜなら、本田さんが仲間に渡しているバトンは、相手の事を考えず取りにくいバトンで、本田さんは自分のバトンの渡し方に問題があったことに気づいたからでした。本田さんは、そんな自分を反省し、どうやれば上手くバトンを渡すことができるか練習するようになりました。そして、相手のことを考えて、声を掛け合い、バトンをつなぐことができるようになってきました。このように、自分でイメージしている感覚と実際の動きにはズレがあります。ICTを利活用することで、実際の動きを目にすることができ、その感覚とのズレに気づくことができます。これはICTを利活用する上での大きな利点であるように感じています。

　また、ゴール型のゲームでは、スペースを上手く利用できずに、ボールを上手くつなぐことができないことも多くあります。そこで、高い位置から撮影をした映像を子どもたちに見せることにしました。すると、自分たちがボールに集まってしまっていて、協力できていないと気づいていきました。そして、子どもたちは、協力の仕方を考え、ボールを運ぶ際のポジショニングを考えるようになっていきました。

　このように、ICTの利活用は、子どもたちに気づきを促し、探究活動へと誘うきっかけをつくるツールだと思います。これまで子どもたちに切実感のある課題をもたせることに苦労してきましたが、それを助けてくれるものだと思いました。

6 「ボールゲームの課題解決学習に生きる」ICTの利活用　課題の「発見」から「解決」を促すツール

谷百合香（東京学芸大学附属世田谷中学校）

「ゲームを iPad で撮影して作戦に活かそう」といった授業ができるとは iPad を使い始めた頃の私は思いもしませんでした。

　平成28年から中学1年〜3年の3年間を通してソフトバレーボールの授業において、ICTの利活用の可能性を探ってきました。1年次、自分たちのゲームを撮影して、「良いプレー」と感じたものを選択させると、スパイクが決まった場面や得点場面のみを挙げます。しかし、課題解決学習では結果ではなく、得点が決まるまでの作戦がどのように実行されたのか、つまりプレーの過程を大切にしています。作戦が成功したかどうかを映像から振り返るように伝え、撮影方向も考えさせると、平面だけではなく、コート全体が映る場所から撮影を始めます。そうなると、生徒のゲームを見る目は、作戦実行の過程に焦点化されていきます。

　2年次は、チームに起こりがちな課題映像を全チームの iPad に一斉送信して閲覧させるようにしました。具体的には、3人が横並びでスペースがら空きの映像、攻撃した後の守備の準備態勢ができていない映像を使用しました。生徒は、映像から手
がかりを得て、自分たちのチームで解決すべき方向性を見出して話し合いを行っていきました。この対話を通しながら、チームや個人の課題を明確にすると同時に、映像を見たり、撮影したりする視点も変化させていきました。

　3年次になると、教師が映像の指定をせずとも、自分たちの作戦の成否を撮影した映像から適切なものを選択して分析するようになりました。さらに、トスをあげる高さに注目し、映像を通して客観的に見ることで自分の感覚と少しのズレがあったことを分析している生徒もいました。3年生では、ゲームを分析すること以外にも、ゲーム中の「自分の技能を発揮している感じ」と「実際の技能発揮」の違いを認識するために使用するような利活用方法が見られました。

　このように、映像を撮影することや、映像を見ることが、生徒の対話的なかかわりによって、深い学びを導くツールとなることに気づきました。さらに、発達段階によってICTの利活用を変化させていくことの重要性にも気づくことができました。

第2章　ICTを利活用した実践者たちの声

7 「教師と子どもが共に成長できる」ICTの利活用　小さな変化への大きな気づき

杉本好永（春日井市立藤山台中学校）

　「次の単元はマット運動です」その言葉にひときわ苦い表情を浮かべたのが本木さんでした。「今まで一回も倒立が成功したことはないし、一生懸命練習してもできるようにならなかった」とのことでした。本木さんはあまり運動が得意ではないけれど、どの単元でもコツコツと練習に取り組む努力の人でした。そんな本木さんが弱音を吐くなんてよほど苦手なのだなと感じました。実は私もマット運動を教えるのが得意ではなく、「頭を丸めて」「補助してあげて」など全体への言葉を並べるだけで子どもたち一人ひとりの動きに合わせた指導ができていないという思いがずっとあったのです。

　単元の前半には、私が子どもたちの動きをデジタルカメラで連続画像として撮影し、よりよい動きにするためのコツについて一緒に考えていきました。初めは撮影時の位置取りが悪かったために、何を切り取りたかったか分かりにくい画像もありました。それは私自身の運動観察の視点が定まっていなかったからです。しかし、撮影の経験を積んでいくうちに、どこに立ち、どのタイミングでシャッターを切ればよいのかを段々とつかめるようになりました。本木さんは自らが倒立前転にチャレンジしている画像を見て「頭を起こせていると思っていたけどできていないから背中も曲がってる。ひざも伸ばさないと」と言い、自分の感覚と実際の動きの違いに驚いていました。

　単元後半には、子ども同士がお互いの動きを撮影し合い、学び合うようになっていました。本木さんは「横から倒立姿勢ができているか分かる画像を撮影してね」と仲間に伝えてから運動に取り組むなど、自分の課題を解決するためにICTを有効に活用しようとする姿も見られました。私は、子どもたちの動きを撮影することを通して「さっきは背中が曲がっていたけれど、今は肩に体重が乗せられたから背中を締めることができた」など子どもたちの動きの小さな変化に気づき、ほめることができるようになりました。

　単元の振り返りでは、本木さんのこんな言葉がありました。「先生や仲間が写真をとってくれたりサポートしてくれたりしたおかげで倒立前転の感覚をとらえることができました。今ではもっとマット運動をしたかったなと思います。」

18

第3章

実践で語る
新しい授業実践のカタチ

第3章　実践で語る新しい授業実践のカタチ

1　ICTがうみだす新しい教師の役割

榊原章仁（阿久比町立東部小学校／元愛知教育大学附属名古屋中学校）

１．困っています…

(1)「分かっていないこと」が分からない

「どうやって動けばいいか、分かったよ、先生」

声を掛けてきたのは、タカヒトでした。中学校3年のゴール型の単元が第7時目を迎え、私が授業の準備をしていた時でした。私が「着替えるの早いな！　やる気が違うね!!」と伝えると、タカヒトは少し興奮気味で「そう！　今までゲームの中でどう動いたらいいのか分からなかったけど、やっと分かったから早く来て練習したいなって思って」と言い、さらにこう続けます。「先生、ジャンプストップからの動きって、こうやって動こうと思うけどどう？」と実際に動きながら私に説明してくれました。タカヒトの姿は、昨日とはまるで別人でした。

昨日の体育授業では、ゲームの途中にチームで話し合う時間がありました。タカヒトのチームも、チームの仲間がタブレット端末で記録した映像を見て、どう動いてほしいのかをそれぞれに伝え合っていました。私は、そのチームの話し合う様子を見ていました。そこでのタカヒトの姿が気になりました。タカヒトはケンサクやリュウトたちに映像を見せられて、チームの仲間が話すことにただ頷いているだけだったからです。

「タカヒトは、ここからこう動いて、ここでボールをもらってよ」

「ケンサクが、こっちにいてディフェンスを寄せておくから、タイミングよく空いているスペースに走り込んで来てよ」

「ケンサクも、リュウトも敵にマークされているからタカヒトの動きがカギだからね」

このチームの作戦は、タカヒトを生かそうとしていました。タカヒトがシュートにつながる動きができれば、得点につながると考えていたようでした。しかし、当の本人のタカヒトは全く自信が無い表情を浮かべています。「タカヒトは、チームの仲間から伝えられていることを本当に理解しているのだろうか」と私は、ただ一方的に伝えられていたタカヒトの様子が気になりました。

（2）「分かっていないこと」が分かっていく

　私は、タカヒトの見ている運動世界に近づきたいと思い、その後のゲームでウェアラブルカメラを付け、ゲーム中にコートに入り、邪魔にならないぎりぎりのところまでタカヒトに近づき、タカヒトが見ている景色を記録しました（右の写真）。

　私は授業後にすぐにこの映像から数枚の画像を選び、印刷をしました。そして、その日の帰りにタカヒトを呼び止めました。

　　私　　「今日の体育授業、チームの仲間から期待されていたね」
　　タカヒト「…はい…でも、よく分からなくて…困っています…」
　　私　　「どんなことに困っているの？」
　　タカヒト「それがよく分からなくて…」
　　私　　「今日は、どんな動きをしようとしていたの？」
　　タカヒト「…タイミングとか、スペースとか、みんなに言われていました…」
　　私　　「そっかあ。それはできたの？」
　　タカヒト「…正直、タイミングって言われても。いつのことなのか…」

　しばらくの間、沈黙が続き、タカヒトはうつむいたままでした。私は、印刷してきた画像をタカヒトに差し出しました。

　　私　　「さっきの授業で、タカヒトが見ていた景色を撮りたいと思ってね。この
　　　　　時ってどこを見ていたの？」
　　タカヒト「…このときは…」

　それまで黙っていたタカヒトは、画像を見つめながら、自分が見ていた景色を思い出しているようでした。そして、少しずつ、その場面を振り返るようにして話し始めました。

　　タカヒト「…このときは…、えっと、さっきは…、そう、ボールをもっている
　　　　　リュウトを見ていたんだけど、どこへ動いたらいいのか分からなくて、止
　　　　　まってしまったときでした…」
　　私　　「そっか。リュウトを見ていたんだね。これ（画像）には、目の前にいるディ

第3章　実践で語る新しい授業実践のカタチ

　　　フェンスがいるけど、見えていたの？」
　タカヒト「あっ！、いいえ、見ていませんでした」
　私は、タカヒトが、仲間に言われた通り、一生懸命にボールに関わろうとするあまり、ボールを持つ人だけを見ていたのかと思いました。
　私　「（画像を示して）このディフェンスってどこを見てる？」
　タカヒト「ぼくのことや、ボールを持つリュウトのことを見ています」
　私　「じゃあ、どのタイミングでタカヒトは動き出せばいいのかな？」
　タカヒト「…（パッと笑顔になり）ぼくのことを見ていない時!!（印刷した紙
　　　面を指さしながら）この辺りから、ここら辺へ」
　タカヒトはそう言いながら、自分が立っていた位置がディフェンスに近いことに気付いた様子で、「すぐにディフェンスに守られてしまうから、もっと離れて、自分の前のスペースを空けた方が…」と、だんだんと自分の中で整理がされていったようでした。自分のゲーム中での状況が分かり始めると、その後、どうしたらよいのかを、どんなことをしたらよいのかを探し始めました。そして、タカヒトは「自分の立つ位置をもっと離れるようにして、ディフェンスからボールを持つ人と自分のことが同時に見にくい位置に立って、そこからディフェンスが自分ことを見ていないタイミングに、空いているスペースに走り込んでみようかなって思います」と言って、晴れやかな顔で教室から出ていきました。

2．学びのコンシェルジュ

　ICTがうみだす教師の役割。私は「学びのコンシェルジュ」だと考えます。「コンシェルジュ」とは、ホテル等でお客の様々なリクエストに対応していく総合案内係というような職務を担う職名になります。その役割は、お客のあらゆるリクエストに応えることです。
　もちろん、子どもたちはお客ではありませんし、教師が子どもたちに代わって、すべて行うということではありません。「学びのコンシェルジュ」とは、子どもたちの体育の学びに関する困り感に教師が気づき、寄り添い、体育の「学びの現在地」を示したり、「学びの道案内」をしたりして、体育の学びそのものを絶妙な距離感で見守り支えていく役割を果たすことです。

(1) 学びの現在地─「分かっていないこと」への寄り添い方─

　タカヒトの見ている運動世界に近づく一つのツールとして、私はウェアラブルカメラを活用しました。ウェアラブルカメラの長所は、目線の位置にカメラを取

1 ICTがうみだす新しい教師の役割

り付けたまま、普段の授業と同様に子どもたちと関わることができるところです。そのため、カメラを装着したまま、実際に動いて動きを示したり、子どもたちに声かけをしたりすることができます。右の2つの写真は授業中の様子です。

そして、何より、子どもが見ている景色が情報源となり、そこから動き方を考えることができます。しかも、何度も再生できるため、改めて見返した時の発見は、それまで見えていなかったことを自覚でき、運動への見る目も養うことにもなります。

体育ではよく技術解説書の見本の提示をすることがあります。

しかし、その見本は子どもの学びから切り離されたものとなります。ウェアラブルカメラによるゲームの中でのプレーヤーの視点、つまり、子どもたちが見ている運動世界から情報を収集しようとするものです。

「分かっていないこと」の出発点を、学びの情況から探ることになることは、子どもたちの課題を形成するときには非常に大切です。教師が拙速に子どもたちに課題をもたせることは、子どもたちにとっては教師にもたされた課題となる場合があります。それでは主体的な学びからは遠ざかることになります。

また、ウェアラブルカメラでの撮影は、教師の立ち位置も考えることになります。「いま―ここ」の子どもたちの学びは、攻撃側から撮影するのか、守備側から撮影するのかによって、その捉え方が変わってきます。

攻撃側から撮影した場面は、攻撃側の視点となるため、攻撃側の考えているこ

23

第3章　実践で語る新しい授業実践のカタチ

とを把握するための情報源となります。

　一方、キーパー側からの撮影となれば、その逆となります。

　こうして臨場感ある映像はさらに教師の意図により、特徴的な場面として印刷され、子どもたちに提示されました。

写真4　攻撃側から撮影した場面

　その際、タカヒトと教師との対話的な活動のように、特徴的な場面が貴重な情報となり、子どもたちが「分かっていないこと」が次第にカタチとなっていき、「分かっていないこと」が分かるようになっていきました。

　教師は、これまで以上に、子どもたちの学びの現在地

写真5　キーパー側から撮影した場面

をつかむことと、それを実現できる情報活用能力が求められると考えます。

(2) 学びの道案内―「分かっていくこと」への寄り添い方―

① 「学びの全体地図」をもつ

　教師が「学びの道案内」ができるには、子どもたちの学びを教師が構想しておくことが大切です。つまり、教師が学びの全体像を描くことです。私は、その単元構想において、「教師によるウェアラブルカメラで撮影」と、「子どもによるタブレット端末で撮影」の2つのICT利活用を準備していました。いずれも、思考を可視化することで、子どもたちの「分かっていくこと」の支援をしたい意図がありました。

　子どもたちの学びを単元前半・後半・終末の3つの段階を想定しました。それが「運動に出合う・親しむ・振り返る」です。そして、「運動に出合う・親しむ・

24

1　ICTがうみだす新しい教師の役割

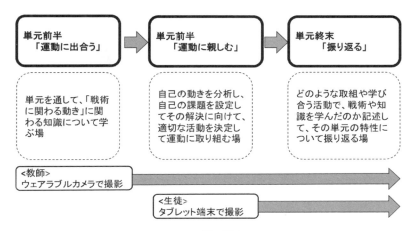

図1　単元構想

振り返る」の場面で訪れるであろう「分かっていくこと」のために、シュミレーションして授業にのぞみました。

「運動に出合う」では、課題となりそうなことは何かが分かっていくことです。ここでは、ウェアラブルカメラの利活用で課題提示の場面を想定します。

「運動に親しむ」では、課題の解決となりそうなことは何かが分かっていくことです。ここでは、教師によるウェアラブルカメラと子どもたちによるタブレット端末の利活用で課題解決の場面を想定します。

「振り返る」では、学んだことは何かが分かっていくことです。ここでは、教師によるウェアラブルカメラと子どもたちによるタブレット端末の利活用で評価の場面を想定します。

教師の役割は、教師が教えたい順番を効率よく教えることであると考えてきた私にとって、体育でのICT利活用により、子どもたちが学んでいく順番を意識するようになりました。そして、子どもたちの学びの全体像を把握できる「学びの全体地図」がなければ、「学びの道案内」はできないことにも気付くことになりました。

②「学びの道案内」をするために

冒頭のタカヒトたちは、その後の授業の後半で、チームに1台配布されたタブレット端末を積極的に活用することになりました。

このことは、単元の始めの「運動に出合う」に位置づく教師のウェアラブルカ

25

第3章　実践で語る新しい授業実践のカタチ

メラの活用事例は、子どもたちのタブレット端末での活用として、応用されたといえます。

　そのため、「学びの道案内」をするための学びのモデルを単元の前半にどのようなICT利活用をするとよいのかを子どもの学習活動そのもので提示していくことが大切になると考えます。

　単元の後半での1時間の授業の流れは、「メインゲーム→課題練習→メインゲーム」となりました。

　メインゲームの前には、前時のゲームの様子を振り返って作戦を確認したり、この日の対戦相手に合わせた作戦を立てたりすることになりました。課題練習では、チームが戦術を話し合うことになります。

　そのため、子どもたちは、課題練習の前のメインゲームで、タブレット端末で情報収集をします。どのチームも、チームの戦術を成功させるための動きを明確にすることが目的となります。

　つまり、ただ何となくゲームの映像を撮るのではなく、どのような情報が役立つのかを見通して、ゲームをよく見て、ゲームでの動きを撮ろうと考えることになります。

　例えば、攻撃の場面を撮影するときには、全体の動きを捉えやすいようにコートのセンターライン付近から撮影していました。

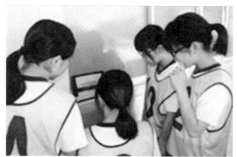

　一方、守備での連係した動きを撮影するときには、ゴールの後ろから撮影したりするなど、どのチームも必要な情報を収集するための撮影場所も考えていました。

　実践は暑い夏の日でした。運動場では太陽の光が強くて、タブレットの液晶は見えづらいものでした。

　そのため、日陰での作戦タイムとしました。その作戦タイムでは、撮影した映像を活用して、「攻撃ではスペースを使っていないこと」や「オフボールマンがボールマンの動きしか見ていないこと」、「守備では、ディ

1　ICTがうみだす新しい教師の役割

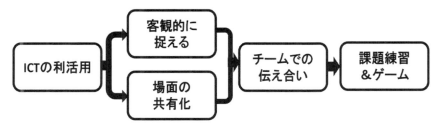

図2　子どもによるICTの活用の流れ

フェンスの間を攻められてシュートを防ぎきれていないこと」などを確認していました。そして、その後の課題練習では、何のための練習なのかが明確になっていきました。さらに、試合では、何を試し合いたいのかの活動となり、文字通り、「試合」でした。

　子どものICT利活用による学習活動の流れをまとめると図2のようになります。子どもたちは、ICT利活用によって自分の動きについて客観的に捉えることができました。また、自分たちのゲームの場面を共有することもできました。客観的に捉えることや場面の共有化することは、ゲームでの話し合いにとても重要でした。それは、話題の対象が焦点化され、具体的なものとなったからです。始めはぼんやりとしていた自分たちの課題が、次第に明確になっていくと、その後の課題練習もゲームも目的意識をもって取り組むことができるようになっていきました。こうしたICT利活用した子どもたちは、ゲームをやりっぱなしにすることなく、ゲームから学ぶことの大切さについても学ぶことになっていたと考えます。

　タカヒトたちの撮った動画や画像はタブレット端末内に保存されています。教師が保存された動画や画像をみることは、常に変化する子どもたちの学びの現在地を的確につかむことになります。そして、子どもが必要とする「道案内」に応えるための準備にもなります。

　私が、こうした「学びの道案内」の準備を職員室でしていると、校内の他の先生からも声をかけてもらう機会がありました。その時に、職員室で話題となるのが、子どもたちはいろいろなことを考えてゲームをしている、学んでいるということでした。

　また、私が子どもの意図を読み取れないときには、他の先生に子どもたちの撮った映像を見てもらい、アドバイスを受けることもありました。こうして、職員室は一時、ミニ体育授業研究会と化して、一つの子どもたちの動きの映像から、先

第3章　実践で語る新しい授業実践のカタチ

生方のさまざまな解釈を聞くことができました。そして、「学びの道案内」にも、さまざまなアプローチがあることを私自身が学ぶ機会となりました。

3．「学びのコンシュルジュ」を目指して

タカヒトの単元後の学習プリントには、次のような感想が書かれていました。

> 　パスが回りそうな相手を見ることや仲間の声かけを聞くことで視野が広がりました。それは、タブレットを使って映像を記録したことで、自分では気づけないところに気づくことができたり、そこから課題を話し合う中でタイミングを合わせたりするための動きが身に付いたからです。
> 　そうした動きをすることができたのは、自分の見ている景色を先生が再現してくれたからです。自分が見ている景色を紙面にしてくれて示してくれたり、授業でその紙面を拡大して示してくれて全員で、どんな動きができるのを考えさせたりしてくれたおかげです。
> 　さらに、オフボールマンとして、味方とクロスをするようにして、スペースをつくれるようになりました。この動きは、サッカーなどのオフボールマンが多くなるスポーツでいかせられると思いました。このようにスペースが作れるようになり、空いたスペースに入り込めるようになったのは、タブレットを用いることで、動きを客観的に捉えることができ、チームでねらった場面を共有して練習してきたからだと思います。

　体育におけるICT利活用は、新たなコミュニケーションをもたらしてくれます。それは、教師が、教えたいことを順番通りに教えるという一方通行ではありません。教師が子どもたちの思考の流れを大切にすることに他なりません。

　そして、体育の学びは、単に既定路線を直線的に走らせるものではありません。体育の学びは本来もっと豊かなものです。その体育の豊かな学びの一つが、タカ

1　ICTがうみだす新しい教師の役割

ヒトの「気づけないところに気づくこと」の一文に現れていると思います。

　体育におけるICT利活用は、子どもたちの「学びの現在地」を知ることと、「学びの道案内」の手掛かりを与えてくれます。いずれも教師の意図的な教育的活動によります。とりわけ、運動が苦手な子どもたちの学びを保証できるのは、教師しかいません。目の前の子どもたちが見ている景色を一緒に見ようとして寄り添う。そして、絶妙なタイミングで「学びの道案内」をさっとできる、しかも、さわやかに、さりげなく。それができるのも教師しかいません。

　ICTがうみだす新たな教師の役割である「学びのコンシュルジュ」。

　すべては、子どもの笑顔のために。そして、その笑顔がみたい自分のために、その方法を今後も模索していきたいと思います。

第3章　実践で語る新しい授業実践のカタチ

ICTがうみだす新しい絆

石井幸司（江戸川区立新田小学校）

1．ICTでつなぐ「子ども」「保護者」「教師」

> 　体育の授業の様子を見ることができてとてもよかったです。ボール運動ではチームの仲間たちと声を掛け合いながら、上手にプレーしていました。タグラグビーは私が初めて見た運動だったので、ルールが分からないまま見ていたら、子どもが教えてくれました。バレーボールでは自分のチームの中で決めた役割をきちんと行っている様子が分かりました。
> 　一人で運動するマット運動や陸上運動も、実は友達と教え合ったり協力し合ったりしながらやっていると聞いてとても嬉しくなりました。そして、マット運動はうちの子は苦手だと思っていましたが、コツをつかんで上手になっていく過程が分かり成長を感じました。また、友達の動画を撮る場面になったとき、友達の動きを見て参考になることも多いと思うので、お互い学ぶことができたと思います。何より、男女仲良く話し合いながら、楽しそうに運動をしていたのが印象的でした。

　これは、ある保護者からいただいた体育授業の感想です。しかし、この保護者は体育の授業を一度も参観したことはないのです。体育の授業を今年度1度も参観したことがないにも関わらず、コツをつかんで運動が上達した「知識・技能」、作戦を立てたりや考えたことを友達に伝え合っている「思考力・判断力・表現力等」、運動に積極的に楽しく取り組んでいる「主体的に学ぶ態度」が子どもに育まれていることが、この保護者の感想には書かれています。しかも、感想文には様々な単元名が書かれており、子どもの運動の様子が詳細に書かれています。なぜ、この保護者は子どもの体育の様子が分かり、子どもの成長を実感することができたのでしょう。

　そこにある絆。それを読み解くキーワードは「つながり」です。その「つながり」とはどのようなことでしょう。つながりを生み出すICTの活用を授業場面から、授業後まで見ていきましょう。

2．ICTでつなぐ「子ども」と「子ども」・「子ども」と「教師」

(1)「あのとき」の共有でつなぐ「子ども」と「子ども」

　レイ、ヒロキ、チカコ、ミクの赤チームがタブレットを囲んで、先ほどのゲームを振り返っています。

　　レイ「あのとき、ヒロキすごくいい動きしたね。チカコから空いているところでパスもらったね」

　　ヒロキ「あのときってどれ？」

　　レイ「これだよ。これ。前に相手がいなかったから楽にシュートが決められたよね」

　　ヒロキ「あぁこれね。前に走り込むのがうまくいって、フリーでシュートできたよ」

　　ミク「すごいね。私もこのヒロキみたいに、ゴールに向かってどんどん走ろう」

　4人が取り組んだのはゴール型のバスケットボール風のゲームです。コートプレイヤーは3人対3人で、ドリブルやパスで相手ゴールに攻め込みます。ボールを持った時の詳細な歩数制限はなく、みんなで「ボールを持って前に進んではいけない」ことをルールにしました。また、ダブルドリブルなどの公式なルールはなく、何度もトライ＆エラーを繰り返せるゲームを作り上げていきました。

　上の赤チームの対話では、レイがヒロキのボールを持たないときの動きを賞賛しています。しかし、ヒロキはどのプレーのことを言っているのか理解していません。そこで、レイがタブレットで「その」プレーを見せています（右の写真）。レイとヒロキとチカコ、ミクが「あのとき」のプレーを共有している場面です。ここに、ICTを活用して「子ども」と「子ども」をつなぐヒントがあります。

　バスケットボールのようなゴール型のゲームは、攻防の切り替えが早く、展開も流動的です。子どものよいプレーも一瞬の出来事ですぐに次のプレーに移っていき、刻一刻と変わる状況の中でよいプレーをチームの全員が共有することは難しいものです。上の会話もタブレットがなかったらどうでしょう。

　　レイ「あのとき、ヒロキすごくいい動きしたね。空いているところでパスもらったね」

　　ヒロキ「あのときってどれ？」

第3章　実践で語る新しい授業実践のカタチ

レイ「あれだよ。あれ。フリーでシュートした場面」
ヒロキ「あぁ。たぶんあのときかな」
ミク「いつ？　どのプレーかわからないよ」

このように、タブレットがない場合ではチームの全員が同じ「あのとき」を共有することは容易ではありません。チームのメンバーがタブレットを媒介として、「あのとき」を共有しながらコミュニケーションが活発になり、「あのとき」のヒロキの動き出しがよかったプレー、「あのとき」のチカコのナイスパスを価値づけています。ICTを活用することで、共通の課題を理解しやすくなり、新しいコミュニケーションが生まれ、新しい子どもと子どもの「つながり」が生まれます。

このように、赤チームは空いているスペースに動くことが有効なプレーであることを、自分たちの動画で実感し、「いま―ここ」の課題として、チームのめあてをもつことができました。

(2)「あのとき」の共有でつなぐ「子ども」と「教師」

私はタブレットを活用して体育をするときは「いつ・どこで・何を」の3つの視点を大切にしています。

「い　つ」…味方のチームがチームで連携して攻撃しているとき
「どこで」…ボールを運ぶ進行方向の斜め前からコート全体を撮る
「何　を」…一人一人がチームの攻撃に貢献しているか

子どもたちはこのゲームで初めてタブレットを活用して動画を撮ります。この時、ただやみくもに動画を撮っていくとシュートがうまく入った局面のみに焦点がいき「個人技能」の蓄積になってしまうことがあります。これは3つの視点を学べる貴重な機会となります。なぜなら、チームの連携や一人一人のチームへの貢献には3つの視点が大切となるからです。

バスケットボール風の授業も4回目になり、赤チームはボールを持たないときの動きが格段に上達し、空いているスペースを有効に活用しながら、チームで協

2　ICTがうみだす新しい絆

力して攻防を楽しんでいました。しかし、他のチームも同様に上達しているので、なかなかボールを前線に運べないこともありました。そんな単元中盤の停滞期に差し掛かった赤チームに、私は子どもたちの学びに積極的に介入しました。私が話しかけているのはタブレットでゲームを撮っているミクです。

　私　「ミクさん。どんなプレーがよいプレーだと思う？」
　ミク「速攻をするのが赤チームは得意なので、パスを早くつなぐことかな」
　ここで、赤チームのシュートが入る。
　ミク「ナイスパス！　ナイスシュート！」
　私　「そうだね。ミクさん。今、ミクさんが何気なく『ナイスパス！』といった場面によいプレーの秘密があるんじゃないかな」

　私は、プレーヤーに賞賛の声掛けを多くします。「今の動き出しよかったね！」「ナイスシュート！」と。しかし、「空いているスペースに動くよ」「右が空いているよ！」「そこでシュート！」といったプレーヤーに動きを指示するような声掛けは全くしません。声掛けをするのはコートの外でタブレットを撮っている子どもに向けてです。

　私　「今のプレーは何がよかったの？」
　ミク「チームの３人が集まらないで、バラバラになっていたからパスがつながったのだと思う」
　私　「そうだね！　それなら、それを振り返りでチームのみんなに言おうか！」

　私は子どもにゲーム中の意思決定は任せています。それはそのゲーム中の意思決定を状況に応じていかに適切に判断するのかが、ボール運動の重要な学びと捉えているからです。しかし、タブレットでゲームを撮っている子やゲーム後のプレーヤーには「戦術的気づきを促す発問」をします。ここでは、私とミクの対話が生まれました。そして、ミクはゲーム間の振り返りで、先ほどの私の対話から出た視点についてチームのメンバーのチカコにタブレットの動画を見せながら伝えています。

　ミク「このプレーはすごくよかったよ。ほら、みんなが前、真ん中、後ろに分かれていてパスを早くつなげているの」

　チカコ「ほんとだ、チームで役割を分けるとボールをつながりやいかもね」

　私はミクに戦術的気づきを促します。ミクは気づいた戦術をチームのメンバーに動画と一緒に広めます。

33

第3章　実践で語る新しい授業実践のカタチ

　また、違うかかわり方も試みます。コートの外で動画を撮っているヒロキの声を拾うのです。「あー！　みんながボールに集まっちゃっているよ」とヒロキが嘆いています。私はわざとタブレットにも録音できるような大きな声でヒロキに話しかけます。

　私　「この時はみんながどうすればよいのかな。後でこの動画を基に一人一人のポジションを考えてみようよ」

　これを聞いたヒロキは振り返りで、チームのみんなとタブレットを囲みながら話し出します。

　ヒロキ「このときはみんながボールに集まっちゃうとボールがつながらない」

　私　「こんな場面が時々あるよね。どうすれば解決できるかな？」

　私も共に話し合いに参加し、話し合う視点を問いかけます。すると、レイが話し出します。

　レイ「チームでポジションを分けるといいんじゃないかな」

　ヒロキ「サッカーみたいにフォワードとかディフェンスを決めるのはどう？」

　チカコ「そうだね。ミクはシュートが得意だから攻め専門でもいいね」

　チカコもポジションのアイデアを出します。赤チームは話し合いの結果、攻めは右側でミク、真ん中は左側でチカコ、守りは後ろから指示できるレイがポジションに分かれてゲーム後半をすることになりました。

　このように、教師は意図的にタブレットを撮っている子に動画を撮る視点や戦術的気づきを促す発問をして、チームの課題を発見するきっかけを創出させます。そのことで、課題に気付いた子は、チームのみんなに課題の解決方法を広めて話し合います。タブレットを介して動画を撮っている「子ども」と「教師」が共通の課題でつながり、「教師」の発問がタブレットを介して動画を見ている「子ども」に間接的につながっている場面です。

　ICTを活用することで教師と子どものコミュニケーションも変わります。ICTがない時はチームの課題となるプレーが出たときには、「今のはどうしてパスをしたのかな？」「コートを見てごらん。ボールにみんなが集まってしまっているよ」と、ゲームを一度止めて指導することがありました。しかし、タブレットを介することで、いつでも「あのとき」を共有することができ、教師の意図的な発問を子どもに投げかけることができます。そして、この発問と自分たちの動画があることで子どもにとっても教師にとっても「生きた教材」になります。

赤チームは、動画から自分たちの課題とチームの特徴を見付けて、「前・中・後ろ作戦」という作戦を立て、ゲームに臨みました。このきっかけは、タブレットで動画を撮っているミクやヒロキの戦術的な気づきにありました。そして、意図的な発問によりICTの「あのとき」の共有から共通の課題に至るプロセスの中で、ICTは「子ども」と「教師」もつないでくれました。

3．ICTでつなぐ「子ども」と「保護者」・「保護者」と「教師」

(1) メディアポートフォリオとは

　この学級は1年間を通して、このようなタブレットを活用した体育の授業をしてきました。ボール運動だけでなく、陸上運動、器械運動、水泳など全ての領域でタブレットを活用しました。小学校では学習指導要領（2017）が告示され、小学校学習指導要領解説体育編では、自己の課題を見付け、その課題を解決するICT機器の活用例が示されました。これからの体育科教育を考えていくうえで、ICTの活用は欠かせないものなっていることが分かります。私もICTのよさを実感しています。

　しかし、タブレットの実践を始めるにあたって「授業で撮った動画はこの後どうするのだろう」と、ふと疑問に思いました。撮り貯める動画はまさに子どもの「学びの履歴」です。子どもが「学びの履歴」をつくる活動をすれば、その子の運動の意味を立ち上げ、学びのプロセスに子どもの目線がいくようになるのではないかと考えました。中央教育審議会・教育課程部会　総則・教科特別部会（文部科学省、2018）では、児童生徒の学びの深まりを把握するために、パフォーマンス評価法やポートフォリオ評価法など多様な評価方法の研究や取り組みの必要性を示唆しています。しかし、実際の体育の評価法は「3つ全ての観点は1単位時間で見取れないから重点評価をする」「技能は観察で、思考・判断は学習カードでする」など、子どもの「思考」と「動き」を切り離しての評価が当たり前になっているのではないかと感じます。

　そこで、子どもたちはICTを活用して撮った動画を蓄積していく「メディアポートフォリオ」を実践していきました。子ども自身が体育の学びを振り返り、教師も体育の学びを振り返り、保護者もメディアポートフォリオを介して、体育の授業を参観し、子どもの学びの履歴を知ってもらいたいという願いがあります。学校での学びを学校で完結するのではなく、家庭を巻き込んで学びを広げられればいいという思いもあります。

　ポートフォリオとは、「学習者の作品や自己評価の記録、教師の指導と評価の

第3章　実践で語る新しい授業実践のカタチ

記録などの資料と、それらを系統的に蓄積していくファイルなど」を意味し、ポートフォリオ評価法とは、「ポートフォリオづくりを通して、学習者が自らの学習のあり方について自己評価することを促すとともに、教師も学習者の学習活動と自らの教育活動を評価するアプローチ」（西岡, 2003）です。そして、鈴木（2008）は今までの体育のポートフォリオに問題を投げかけ、授業中に子どもが発揮したパフォーマンスを動画で撮り溜め、「社会的な相互作用」を大切にした複数のデータを取り込み、視覚的、聴覚的に評価情報をポートフォリオする評価法を「メディアポートフォリオ」と呼んでいます。

　では、実際に子どもたちはどのようにメディポートフォリオを実践したのでしょうか。

(2) 撮り貯めた動画を振り返り、選択して蓄積していく

　単元途中や学期途中に、定期的にポートフォリオ検討会を行いました。ポートフォリオ検討会とは、「学習者と教師やその他の関係者がポートフォリオを用いつつ学習の状況を話し合う場」を意味しています（西岡, 2016）。ICTを活用したポートフォリオという性格上、ポートフォリオ検討会はパソコン室で行いました。そして、タブレットで撮り貯めた動画の中から、子ども自らが動画を選択して学校のパソコン上のフォルダに移していきました。

　例えば、ゴール型バスケットボール風の学習では、第1時から第3時まではいわゆる「規準準拠型ポートフォリオ」で蓄積していきました。動画を撮る視点を第1時に示しているので撮った動画の中で、「自分が攻撃に貢献して参加している動画」を選んでいきました。第3時と第4時の間にパソコン室で一度検討会を行い、子ども達と話し合いながら規準を決めていきました。撮る視点でも個人技能ではなく、チームへの貢献やゲームへの参加の仕方を気づかせていきました。単元が進み、一人のよさから役割が決まっていき、チームに貢献できることが理解されてきたので、自分のベストプレイを蓄積することを子どもたちと話し合いで決めていきました。いわゆる最良作品集ポートフォリオです。そして、撮り貯めた1時間ごとの動画に「題名」を書き、単元初めに書いた作文と、単元終了後に書いた作文を合わせてメディアポートフォリオとしました。

　子どもたちはこの動画を選択することを通して、動画を見ながら自らの体育の学びを振り返るとともに、自らの課題を見つけていました。器械運動のマット運動では、第1時間目と第3時間目と第6時間目（単元最後）のマット上でのパフォーマンスの変容を蓄積し、子どもが自作した連続図と学習カードをポート

2 ICTがうみだす新しい絆

フォリオしました。体つくり運動の持久走では、友達と会話できる無理のない速さで5分間止まらずにペアで走り切る様子を蓄積していきました。

このように、ポートフォリオ検討会を通して、子どもが自らの運動パフォーマンスを知り、自己評価することが促されました。今までは、運動が「できた」「できなかった」という結果のみが評価されて、その過程に学習者である子どもに目がいくことはあまりなかったように感じます。メディアポートフォリオでは、音声を含めた動画による運動パフォーマンスの蓄積により、その場面の「文脈」に沿った社会相互作用を「生（なま）」で再現することを可能にしています。このことがタブレットを家庭に持ち帰ったときに有効にはたらきました。

（3）メディアポートフォリオを家庭に持ち帰る

今までの体育の学習の動画をタブレットに編集し、振り返り作文や学習カード、この1年間の体育で学んだことのまとめの作文をメディアポートフォリオとして家庭に持ち帰りました。保護者には子どものメディアポートフォリオを見ての感想を書いてもらい、それが保護者からも子どもへのメッセージの役目を果たしています。それが、巻頭にあった保護者の感想です。

> できなかった事でも経験することで、バットを振ることができ始めてボールが飛ぶようになり、ラグビーでは相手の裏をつきゴールに向かうことができるようになり、マットは体の使い方が慣れてきました。娘の成長がタブレットで確認できました。そして1番よかったのが、運動を楽しく取り組んでいることが伝わったことです。

> 自分の姿を動画で見ることでいろいろな角度から見ることができ、自分の課題点がはっきり分かり、回数を重ねるごとに上達しているのが分かりました。友達をタブレットで撮るときは、友達の動きのよいところを真似することも多いと思うので、撮る方も撮られる方も学ぶことができたと思います。

> サッカーやバレーは男女仲良く楽しそうにやっていたのが印象的でした。ポジションの大切さや声を掛け合う重要性を学んだようです。タブレットを使用することで、自分がどんな姿でやっているのか、クセや悪いところを修正するのに、分かりやすいのではないかと思いました。がんばっている姿が見られてとてもよかったです。

第3章　実践で語る新しい授業実践のカタチ

　このように全ての保護者から肯定的な感想をいただきました。保護者からの感想では「体育の授業で楽しそうにやっているのが見られてよかった」「時間を追うごとに上達していることが分かった」「友達と教え合っていることがよくわかった」「チーム内で役割や作戦を考えてやっていた」「タブレットを撮ることで、自分の課題が分かることや友達の動きを参考にできる」など、メディアポートフォリオを通して体育で育成するべき資質・能力である「学びに向かう態度」「思考力・判断力・表現力」

「知識・技能」の3つが保護者に伝わったことが分かりました。

　保護者に子どもの体育の様子を伝えるモノに通知表があります。しかし、梅澤（2016）は体育に関する技能は、第二次性徴の影響を大きく受け、数値化（通知表）で表せる結果の説明よりも、その数値を子どもがどのように活用しているかという主体的な学びの過程や、数値化しにくい深い学びの様相、仲間との協働の過程をいかに子ども本人及保護者などのステークホルダーと共有するかが重要であり、共有の方法は、学びを蓄積できるポートフォリオなどが望ましいと述べています。通知表のA、B、Cでは、「子どもの運動パフォーマンス」や「どのようなかかわり合いの中で、運動に取り組んだのか」は表現できずに、保護者に適切に伝わっているとはいえません。

　保護者からは、家庭で体育の動画を見ながら子どもと新しい対話が生まれたことを伝えられました。「タグラグビーのルールが分からないので、子どもに動画を見ながら説明してもらいました」「跳び箱運動で『頭はね跳び』という動きを初めて知り、子どもにコツを教えてもらいました」「タブレットがなかったら学校の体育について、こんなに子どもと話さなかったと思います」というように、ICTを介して「子ども」と「保護者」の対話があり、「子ども」と「保護者」の新たなつながりが生まれたことが分かります。そして、学校の教育を動画で共有することで、学校教育を保護者に理解してもらい、ICTを介して「保護者」と「教師」もつながったことを実感しています。

4．ICTがうみだすこれからの絆

　このようにICTを利活用することで、子どもの学びを時間や場所を越えて共有することができ、「子ども」と「子ども」、「子ども」と「教師」、「子ども」と「保護者」、「保護者」と「教師」の新しいコミュニケーションが生まれました。

2 ICTがうみだす新しい絆

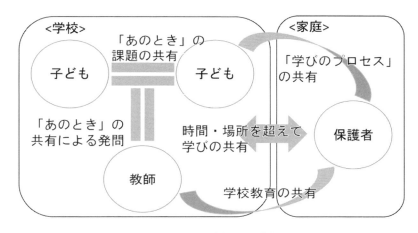

図　ICT利活用が生み出す「絆」

　鈴木（2008）は、「メディアポートフォリオは、他の評価法に比べて、関わり合いによって生み出される運動の世界を生み出しやすく、子どもの学習と教師の指導を一体化するばかりか、保護者をも巻き込むことのできる評価法である」と述べています。保護者は通知表でしか、子どもの学習状況を知ることができません。子どもが「どのようにできて」「どのようにできなかったのか」という点を知ることができません。長期的に子どもたちの学びのプロセスを撮り溜めたメディアポートフォリオでは、その「場面」と「文脈」を保護者が解釈することを可能にしています。それは、真正の評価に近づくことであり、保護者へのアカウンタビリティーに応えることができるのではないか思います。

　このようにICTを単なる学習手段として使っていくのではなく、コミュニケーション手段として新しい絆、言い換えれば、「つながり」を創出していくことが、体育における「主体的・対話的で深い学び」につながるICT利活用の手掛かりになるかもしれません。

【参考文献】
文部科学省（2017）小学校学習指導要領解説体育編、東洋館出版
文部科学省（2018）中央教育審議会・教育課程部会　総則・教科特別部会
西岡加名恵（2003）教科と総合に活かすポートフォリオ評価法、図書文化
鈴木直樹（2008）体育の学びを豊かにする「新しい学習評価」の考え方、大学教育出版
西岡加名恵（2016）資質・能力を育てるパフォーマンス評価、明治図書
梅澤秋久（2016）体育における「学び合い」の莉とんと実践、大修館書店

第3章　実践で語る新しい授業実践のカタチ

3　ICTがうみだす新しい深い学び1

中嶋悠貴（名古屋市立鶴舞小学校）

1．時空を超える学び

「ウミガメの卵を産むときがすごく大変だった」「嫌だった」「苦しかった」
　産卵をした時の痛み。海に漂うレジ袋を飲み込んだ時の苦しさ。ウミガメでなければ分からない感情。まさに、ウミガメになった子どもたち。
「がんばれ！」「すごい！」「おしい！」
　前のめりになって応援する姿。湧き上がる拍手。称賛や励ましの声。
　今、目の前で1年生の時の自分たちが運動しているかのように声を掛ける6年生。
　これらは、これから紹介する2つの実践の子どもの姿であり、ICTを含めた学習環境の中で現れた子どもの姿です。相手の思いを身をもって知り、共感するからこそ現れた姿がありました。
　さて、2017年に公示された学習指導要領では、各教科等の指導に当たり、「主体的・対話的で深い学びの実現に向けた授業改善」（文部科学省，2018a，2018b）を行うことが示されました。また、情報活用能力の育成を図るため、情報手段を適切に活用した学習活動の充実を図ることが求められています。さらに、「ICTの特性・強みを、『主体的・対話的で深い学び』の実現につなげ」（中央教育審議会，2016）ることも求められています。このICTの特性・強みとして、「時間や空間を問わずに、音声・画像・データ等を蓄積・送受信できるという時間的・空間的制約を超えること」（中央教育審議会，2016）が挙げられています。
　「深い学び」とは、これまで学んできた知識や技能、経験等を相互に関連付け、現在、学んでいる状況とつなげて学びを深めていく「過去と現在がつながる学び」（成家，2017）とするならば、ICTの特性・強みは、学びを深めることにもつながることでしょう。
　では、「各教科での学びのつながり」「海と体育館のつながり」「過去・現在・未来のつながり」等、時空を超えたつながりの中で生まれた学びの具体を、2つの実践から見ていきたいと思います。

2．小学4年・表現運動　〜ウミガメになる子どもたち〜

　本実践は、身近なレジ袋から見えてくる海洋汚染をテーマとしたエコソング「The World is Blue レジ袋くらいなら〜 To Save the Sea 〜」を通じた環境教材の映像の制作を目的とし、名古屋市環境局ごみ減量部減量推進室と名古屋市環境学習センターと共同で取り組んだ実践です。国語科・総合的な学習の時間・体育科の教科等横断的な実践を通して、ウミガメが餌のクラゲと間違ってレジ袋を食べていることを中心に、海洋汚染について考えていきました。

（1）実践の概要
①国語科「ウミガメの命をつなぐ（第1時）」
・ウミガメについて知っていることや印象を伝え合う。
・ウミガメが絶滅の恐れがある理由を考える。
・クラゲと間違ってレジ袋を食べている等のウミガメの実態を知り、考えたことを伝え合う。
・教科書に載っている名古屋港水族館が進めるウミガメについての研究について考える。

②総合的な学習の時間「ウミガメや海洋汚染に関する映像視聴」
　名古屋市環境学習センターのスタジオにて、エコソング「The World is Blue レジ袋くらいなら〜 To Save the Sea 〜」の映像を大型スクリーンで視聴する。

③体育科・表現運動「ウミガメと海洋汚染」
・ウミガメの一生（黒潮に乗って泳ぐ・産卵・孵化・海に向かって歩む・海で泳ぐ等）を表現する。
・レジ袋を見付けたウミガメを表現する。
・ウミガメのために自分ができることを表現する。

（2）ウミガメが絶対に絶滅しないでほしい

　国語科「ウミガメの命をつなぐ」（教育出版・小学4年下）の第1時。ただし、教科書を開かず、プロジェクターでウミガメに関する静止画や本文の一部を投影しながら、ウミガメや本文の内容について考えていきました。

　子どもたちは、「海で泳ぐ」「大きくてゆっくり動く」「陸で卵を産む」「水族館

第3章　実践で語る新しい授業実践のカタチ

にいる」等、楽観的にウミガメの印象を挙げていきました。そこで、教科書の本文にある「世界にいるウミガメは、全て、『ぜつめつのおそれがある動物』」と映し出し、なぜウミガメは絶滅危惧種になったのかを予想させました。「ウミガメを食べる動物がいる」「卵を産む場所が減った」「ビニール袋を食べる」等、様々な意見が出ました。

　「エイ」「クラゲ」「ビニール袋」海に漂うレジ袋の画像を見せた時に上がった声です。子どもたちもレジ袋を生き物と間違えました。ウミガメも同じように餌のクラゲと間違えて食べてしまう事実を伝えると、子どもたちは「のどがつまっちゃう」と首を押さえたり、顔をしかめたりしていました。だんだんと表情が曇り始めました。

　「うわっ！」「えー！」死んだ1頭のウミガメのおなかの中から出てきた34枚ものレジ袋の画像を見せた時の声です。そんなにも食べていたのかと驚きの表情。「人間はひどすぎる」「ウミガメがかわいそう」子どもたちは、真剣な面持ちで思いを口にしていきました。

　人間のせいでウミガメが絶滅危惧種になっていることを知った子どもたちは、次のように思いを記していました。

・海にごみを捨てる人、ひどすぎる。
・人間は、自分のことばかり考えている。
・地球は、人間だけのものじゃない。
・自分がウミガメだったらどうなるか考えてほしい。
・ウミガメが絶対に絶滅しないでほしい。

---

(3) まるで海の中

　総合的な学習の時間の環境学習の一環として、名古屋市環境学習センターのスタジオにて、エコソング「The World is Blue レジ袋くらいなら～ To Save the Sea ～」の映像を視聴しました。大型スクリーンがあるスタジオ内は薄暗く、映画館のようです。ウミガメが海を泳ぐ映像になればスタジオ内は青くなり、ま

るで海の中でウミガメを見ているかのような雰囲気。そんな雰囲気の中、「かわいい」と多くの笑みがこぼれました。それは、孵化したばかりのウミガメが海に向かって砂浜を歩く様子を観た時。一方、人が出した

3 ICTがうみだす新しい深い学び1

ごみが砂浜に流れ着いた映像が流れると、多くの子どもが顔をしかめました。子どもたちは、スタジオ内で、時には海の中からウミガメを眺め、時には海洋汚染の深刻さを目の当たりにしているようでした。

(4) レジ袋はクラゲ

照明がついていない薄暗い体育館。学芸会で使用するスポットライトのみが床を照らし、エコソングが流れています。舞台のスクリーンには、子どもの表現に合わせてウミガメの画像が映し出されます。そんな普段と違う雰囲気の体育館に子どもたちが入ってきました。両手を広げて海を漂う子、友達の肩に手を掛けて連なるように泳ぐ子等、思い思いに泳ぎ始めました。

みんなが気持ちよさそうに泳ぐ中、男の子2人がうつ伏せになっていました。産卵を試みていたのです。この2人に呼応し、他の子どもたちも産卵を表現し始めました。全身を力ませる、寝転んで身をもだえる、叫び声を上げる、産卵後に脱力する等、親ガメにな

る子どもが現れました。産卵後は、卵の中の子ガメになった子どもたち。座ったままパンチやキックをしたり、手で突いたり掻き分けたりと、必死に殻を破いて産まれようとする姿に、本当に一人一人の周りに殻があるように見えました。孵化した子どもたちは、みな同じ方向にほふく前進で歩き始めました。ウミガメは、満月の日に孵化することが多く、その満月の光を頼りに海に向かうと言います。それを知らないはずの子どもたちが、体育館後方のスポットライトに向かって歩き始めたのです。満月に

向かうかのように。そして、後方までたどり着くと、立ち上がって再び気持ちよさそうに泳ぎ始めました。

「クラゲだ!」レジ袋をばら撒き始めると、子どもたちは嬉しそうに群がってきました。レジ袋と戯れる姿は、まさに餌のクラゲを見付けて喜ぶウミガメのようでした。そんな楽しそうな雰囲気の子どもたちに、「これは、人間が出したゴ

第3章　実践で語る新しい授業実践のカタチ

ミだ！　飲み込んでみろ！」と強い口調で声を掛けました。子どもたちははじめ、困惑した表情を浮かべながらも、レジ袋を口元に近づけ、喉をつまらせて苦しみ、もがいた末に動きを止めていきました。

　体育館に横たわる子どもたちに、舞台のスクリーンの前に集まるように声を掛けました。そして、名古屋市環境学習センターのスタジオで視聴したエコソングの映像を、再度視聴させました。子どもたちは、終始、真剣な表情でした。ウミガメになり、レジ袋を飲み込むことも表現した子どもたち。以前とは異なる感情を抱いたようでした。続けて、子どもたちが国語の授業で記した思いを順に映し出していきました。

　「地球は人間だけのものじゃない」
　「ウミガメが絶滅してほしくない」
　私は、そんな思いを振り返らせた上で、「この海をどうしたいかな。言葉ではなく、身体で表現してみよう」と問い掛けました。一斉にレジ袋を拾い始める子どもたち。あっと言う間に、レジ袋は拾い集められました。最後は、きれいになった海の中央で、全員で波を表現して授業を終えました。

　この実践は、環境教材の映像資料として DVD 化されました。ウミガメは、約30年に1度、故郷の砂浜に帰ってくるといいます。約30年後、大人になった子どもたちはきっと、この DVD を通して子どもの時に抱いた思いを呼び起こす「現在と未来がつながる学び」をしてくれることでしょう。

(5) ウミガメに「なる」

　ウミガメの画像が映し出された薄暗い体育館の中で、子どもたちは、気持ちよく泳ぎ、必死に産卵をし、固い卵の殻を破き、満月に向かって歩み出し、レジ袋を「クラゲ」と言って戯れました。この姿は、ウミガメの形や動きを考えたり真似したりした表現ではなく、ウミガメの姿そのものでした。そんなウミガメになった子どもたちには、スクリーンに映し出されるウミガメの画像やライトといった目に見えるものだけでなく、自分を囲む卵の殻、満月、砂浜、海に漂うクラゲが見えていたのだと思います。

　表現運動の学習では、「なりきる」という言葉がよく使われます。しかし、本実践の子どもたちは、ウミガメに「なりきった」ではなく、ウミガメに「なった」という表現がふさわしいでしょう。実践後にはウミガメになり、ウミガメの思いを身をもって知ったからこその感想がありました。

3　ICTがうみだす新しい深い学び1

> ・ウミガメの卵を産むときがすごく大変だったし、ぼくたちは奇跡で産まれて「みんな同じ生き物だなあ」と思いました。
> ・楽しかった。嫌だった。かわいそうだった。
> ・死や命の話をして泣きそうになった。苦しかったです。

　もちろん子どもたちは、海で泳いでいませんし、レジ袋を飲み込んでもいません。まして、産卵はしていません。しかし、産卵はすごく大変だったのです。海の中を泳ぐのは楽しく、レジ袋を飲み込んだのは嫌だったのです。そして、ウミガメとして死ぬことは悲しく、苦しかったのです。国語科の授業後の「絶滅しないでほしい」「助けたい」といったウミガメを他者として見ていた感想とは違い、ウミガメになった感情が綴られていました。

　ウミガメの悲しさや苦しさを身をもって知り、ウミガメに共感した子どもたち。このウミガメへの共感性、エコソングを通して知った海洋汚染の実態、国語科で抱いた思いが重なり合った結果、あっと言う間にレジ袋を拾い集める姿に現れたのでしょう。

　この姿を引き出したのは、スポットライトの明かりと画像・音楽で創り出された体育館の雰囲気、エコソングの映像、国語科で抱いた思いが映し出されるスクリーン等、体育館と海、教科間の学び、そして、ウミガメと自分をつないだ、ICTを含めた学習環境だったのかもしれません。

3．小学6年・陸上運動　～1年時にタイムスリップ～

　「満開の桜の下　期待に胸を膨らませた　入学式」
　卒業式の別れの言葉で、入学したころの思い出を振り返る一場面。
　本実践は、1年生の時に取り組んだ体育の授業を振り返る試行的な実践です。本実践の学級は、1学年1学級のまま6年生まで進級しています。加えて、担任（筆者）は、1年時にも担任をしていました。つまり、入学時と卒業時で、担任も含めて大多数が同じメンバーです。そんな境遇から、同じメンバーで、1年生の時と同じ授業に取り組ませようと考えました。そして、同じ授業に取り組む1年生の自分たちの映像を視聴することも取り入れて実践を試みました。

（1）実践の概要

　1年生の時に取り組んだ「跳の運動遊び」の運動教材に取り組ませました。輪の間隔や障害物の高さ等は、身長に応じて修正しましたが、授業の流れや教材の

第3章　実践で語る新しい授業実践のカタチ

	第1時	第2時
10	ピョンピョンランド ・ジャンプ＆ダッシュ ・ケ〜ンケンパ ・山あり谷あり	ピョンピョンランド
20		【1年時の映像の視聴】
30	ピョンピョンチャレンジ なかりんピック	ピョンピョンランド ピョンピョンチャレンジ なかりんピック

①ピョンピョンランド
<ジャンプ＆ダッシュ>
・跳び箱から跳び下り、旗まで走る。
・先に旗に触れた方が勝ち。
<ケ〜ンケンパ>
・輪の中に足を入れながら連続で跳ねる。
<山あり谷あり>
・両足連続跳びで、障害物を跳び越えていき、跳び箱に乗る（跳び越える）。

②ピョンピョンチャレンジ
・間隔が10cmずつ広がっていく輪を連続で何個踏むことができるかに挑戦する。
（輪の直径は60cmとする。）

③なかりんピック
・4人1チームとし、4人の合計でチーム対抗戦に取り組む。
・1人3歩助走の幅跳びに取り組む。
・1人目の着地地点から2人目が跳ぶ。
・3、4人目も同様に取り組む。

内容は、1年生の時と同様としました。

　そして、第2時において、同じ運動教材に取り組む1年生の自分たちの映像を視聴しました。

(2) 変わらないこと・変わったこと

　ピョンピョンランドの場が並べられた体育館に、着替えを早く済ませた男の子たちが入ってきました。輪や跳び箱、旗等の教具に興味津々の表情です。「これどうやるの？」それぞれの教材の行い方を説明すると、早速、取り組み始めました。遅れて体育館に来た子どもたちも、その様子を見てどんどん教材に取り組み始めました。成功・失敗、勝敗に関係なく、笑顔で運動し続ける子どもたち。ピョンピョンチャレンジでは、汗を飛ばしながらも何度も挑戦する姿が見られました。水分補給のために休憩しようと声を掛けても跳ね続ける子どもがいたほどでした。教

材に引き付けられて夢中に運動に取り組み続ける姿は、6年生になっても変わらない姿でした。

しかし、子どもの動きは、明らかに変わっていました。多くの子どもが足で跳ねていた1年生。6年生となった子どもたちは全身で跳ねているようでした。また、変わったのは動きだけでなく、思考にも違いが見られました。ただがむしゃらに取り組んでいた1年生が、どうすればうまくいくかを考えて運動したり、自ら課題を加えて取り組んだりしていたのです。変わらない子どもと成長した子ども、両方の姿が見られた1時間でした。

一方、授業の後半に、女の子2人が「先生、これ1年生の時にやったよね!?」と聞きに来ました。輪を並べて跳ねたことを覚えていたようです。ただ、この2人以外は、1年生の時に取り組んだことは覚えていない様子でした。

(3) 1年生の自分たちとの出会い

前時と同様に輪や跳び箱等が並べられた体育館に、子どもたちが入ってきました。早速、取り組み始めた子どもたち。1年生の時と変わらぬ笑顔で跳ねる姿が本時も見られました。止めなければずっと取り組み続ける、楽しそうに取り組む子どもたちからそんな勢いを感じました。

ピョンピョンランドに取り組んだ後、1年生の時の映像を見せようと子どもたちを集めました。視聴させる前、「何か思い出したことある?」と問いました。しかし、前時に声を掛け来た2人以外は、この授業を1年生の時にも取り組んでいたことを覚えていませんでした。そこで、この授業は1年生でも取り組んでいたことを紹介し、その時の映像を流し始めました。幼い自分たちの姿に笑い声が上がりました。中には、恥ずかしそうな表情を浮かべる子もいました。はじめの子どもたちの関心事は、「○○だ!」「自分がいた!」等、「誰が映っているか」でした。しかし、その雰囲気は徐々に変わっていき、子どもたちはだんだんと前のめりになってきました。そして、「がんばれ!」「おしい!」「もうちょっと!」がむしゃらに跳ね続ける1年生に向けての応援の声が飛び始めました。さらに、「すごい!」と、ピョンピョンチャレンジで最後の輪まで跳んだ子に向けて拍手が沸き起こりました。6年生の子どもたちは、確かに目の前でスクリーンを眺めているのですが、過去と今が溶け合って、1年生の時の体育館の中に入り込んで応援しているかのようでした。まるでオリンピックやワールドカップのパブリックビューイングの

第3章　実践で語る新しい授業実践のカタチ

ように。

　視聴後、笑みを浮かべる子どもたちに、前時に感じた「変わらないこと・変わったこと」について話しました。さらに、この実践をした時の担任の思い、1年生の時の思い出話も加えました。そして、再度同じ運動教材に取り組むように伝えると、「やってやるぞ！」と言わんばかりの意気揚々とした表情で取り組み始めました。1年生の自分には負けていられないと言わんばかりに。そして、自分たちの成長を確かめるように。

　授業後、女の子たちが思い出話に花を咲かせていました。「そう言えば、1年生の時の算数でこんなことがあったよね」「入学式の時の先生の自己紹介覚えている」1年生の時の体育授業の映像が、子どもたちの記憶の扉を開けたようです。

(4) 1年生の自分に共感

　映像で1年生の自分たちと出会った6年生。「がんばれ！」「おしい！」「もうちょっと！」とスクリーンの中に入り込むかのように応援したり、拍手したりする姿がありました。変えることができない過去の出来事にもかかわらず、なぜ子どもたちは1年生の自分たちを応援したのでしょうか。

　本実践は、ICTを利活用し、1年生と6年生の体育授業をつなぐ試みでした。しかし、ただ1年生の映像を観るだけでは、誰が映ったかに関心を向けたり、笑いが起きたりしただけだったかもしれません。同じ運動教材に取り組み、その難しさを身をもって経験しているからこそ、がむしゃらに跳ね続ける1年生に共感し、応援し拍手を送ったのではないでしょうか。

　また、実践後には1年時からの成長について記す感想が多くありました。

> ・昔はあまり遠くへ跳べなかったけど、今は遠くへ跳べるようになりました。
> ・前よりも体全体を使って跳んだり、後ろを蹴って跳んだりできるようになっていました。

　同じ運動教材に取り組んだ上に、1年時の自分と出会ったからこそ成長を実感することができたのでしょう。

　一方、以下のような成長を実感する感想もありました。

> ・6年生になって、よく考えて「こうしたらできる」「あれをしたらできる」と考えたことを行って、いろんなことをできるようにしていると思います。
> ・6年生になったら学んだことを生かしてどうしたら遠くに跳べるかといろいろ考えたら跳べるようになりました。

・1年生のように何も考えず、がむしゃらになることも時には大切だと思いました。

　これらは、映像には映し出されない思考に関する感想です。きっと、授業後に女の子たちが思い出話に花を咲かせたように、映像を通して1年時の自分は、よく考えずにがむしゃらになっていたことを思い出したのでしょう。その結果、現在の自分はどうしたらできるかと考えて運動するようになったと成長を実感したり、逆に1年生の自分から学んだりすることができたのだと思います。

　運動教材とICTをセットにした学習環境。1年時に取り組んだ運動教材を身をもって経験することと当時の映像が重なり合うことが、過去の自分と現在の自分をつなぎ、1年生の自分に共感したり、成長を実感したりする姿を引き出したのではないでしょうか。

4．時空を超えて、相手の思いを身をもって知る

　2つの実践では、ICTを含めた学習環境が生み出す時空を超えたつながりの中、身体運動をする（ウミガメを表現する・1年時と同じ運動教材に取り組む）ことで、相手（ウミガメ・1年時の自分）の思いを身をもって知り、その思いに共感することで生まれた姿（レジ袋を拾う姿・1年生を応援する姿）がありました。

　相手の思いを身をもって知る。相手の思いを心底知るからこそ生まれる共感性。これは、身体運動を伴う体育ならではの学びではないでしょうか。時空を超え、目の前にいない相手の思いを身をもって知り、共感すること。ICTが生み出す体育の新たな学びの1つになるのかもしれません。

【引用・参考文献】
文部科学省（2018a）小学校学習指導要領，東洋館出版，pp.22-23．
文部科学省（2018b）中学校学習指導要領，東山書房，pp.23-24．
中嶋悠貴（2013）心躍る、体跳ねる「跳の運動遊び」の授業づくり～「前足部を使って跳ねること」を学習内容として～，名古屋市体育研究会平成25年度研究紀要 名体研のあゆみ第45号，pp.1-4．
成家篤史（2017）体育における「深い学び」の実際，子どもの未来を創造する体育の「主体的・対話的で深い学び」，鈴木直樹・成家篤史・石塚諭・阿部隆行編，創文企画，pp.48-55．
鈴木一成（2017）運動・スポーツを「知る」とは？，体育科教育 65（11），大修館書店，pp.36-38．
鈴木一成（2018）身体表現「The World is Blue レジ袋くらいなら～ To Save the Sea ～」の教材的価値の検討，日本教材学会東海・近畿・北陸支部平成29年度研究会資料．
中央教育審議会（2016）幼稚園、小学校、中学校、高等学校及び特別支援学校の学習指導要領の改善及び必要な方策等について（答申），pp.47-53．

第3章　実践で語る新しい授業実践のカタチ

ICTがうみだす新しい深い学び2

川村幸久（大阪市立堀江小学校）

1．子どもの深い学びを考えず、ICTを授業で活用するだけで満足することの危険

　私の勤務する学校は、市内の学校教育ICT活用事業の先進的モデル校として、これまで5年間で10数回にわたって様々な教科学習におけるICTを利活用した授業実践を公開してきました。校内の研究部の指導案検討の中で、何度も繰り返しキーワードとして出てきたのが「ICTはあくまでもツールである」「ICTを利活用することありきではいけない」という言葉でした。ICTを利活用しただけで子どもたちにとっての本当の深い学びになっていると勘違いしてはいけないということや教師のICTを使ったという自己満足の授業にしてはいけないということをキーワードにして、当然ながら子どもたちにとっての深い学びを中心に据えて授業を考えてきました。ある時の公開授業での参会者からいただいたアンケートにはこう書かれていました。

> 本校は、堀江小学校のようなICT環境が整っていないので、正直、今回公開授業で見させていただいたような授業はできないなと感じました。タブレットの台数もさることながら、堀江小学校のような授業支援システムがないと、思うようなICTを利活用した効果的な授業が実現できません。

　この感想を読んだ時、（子どもたちの深い学びを実現するためのICTを利活用した授業実践には、必ずしも授業支援システムは必要なのか？）という疑問を抱きました。今、全国各地で、電子黒板や授業用パソコン、タブレット端末を始め、様々なICT機器の導入が進み、その授業実践の成果が多く発表されています。しかし、その素晴らしい授業実践と相反して、どこか「新しい授業支援システムやソフトウェア・アプリを活用すれば、これまでとは違う新しい授業を作ることができる」「ICTの特殊な活用を探ることが授業づくりにおいて大切だ」というような風潮が少しあるように思います。大切なことは、これまでの子どもたちにとっての深い学びを、ICTが生み出す新しい学習によって、さらに深い学びに繋げていくその活用法を探るということです。決して、目新しいICTの活用方法だけに

4　ICTがうみだす新しい深い学び2

踊らされていては、本質を見失ってしまいます。

　ここでは、新しい授業支援システムやソフトウェア・アプリを使った実践ではなく、最初からタブレットに入っているソフトウェアを活用した子どもにとっての深い学びを探究した授業実践を紹介します。

２．身近にあるソフトウェアを活用した ICT がうみだす新しい授業実践：小学6年・体つくり運動
　――力強い動き及び動きを持続する能力を高める運動――

（1）授業の概要（全5時間）

分	1時間の主な学習の流れ
0	準備運動（力試し遊び）　・押し相撲　　・ケンケン相撲　・バランス崩し　等 学習のめあての確認
5	①動きを持続する能力を高める運動 （長縄リレー）　　　　　　（1分間縄跳び） ②力強い動きを高める運動 （リズム腕立て）　　　　　（マット相撲）
40	学習の振り返り
45	整理運動、後片付け

51

第3章　実践で語る新しい授業実践のカタチ

(2) 授業前の子どもたちと教師のやりとり

授業前に次のようなサユカたちと私のやりとりがありました。

サユカ「先生、次の体育は何するの？」

教師「次の体育は、体つくり運動の動きの持続と力強さを高める学習だよ」

サユカ「動きの持続とか力強さじゃなくて、何をするの？」

教師「例えば、腕立て伏せとか縄跳びとか、時間走のような感じかな」

サユカ「腕立て伏せかぁ…」

教師「サユカさん、どうかしたの？」

サユカ「腕立て伏せとか、時間走とか、去年やったけど、おもしろくなかったなぁ。それに私、力が弱いし…」

教師「他の友達と比べる必要はないよ。今年はただ単に持久走のように走ったり、トレーニングをしたりすることはしないからね。楽しみにしておいてね」

これまで何度か高学年を受け持つことがありましたが、どうも子どもたちの力強い動きや動きを持続させる運動に対しての参加意欲は高いとはいえないことを実感していました。様々な体育科の本を見ても、どうしてもトレーニング的な教材が目立つように思いました。そこで、本単元においてもICTを利活用して、子どもたちの学びが深まる授業実践を行うことはできないかと考えるようになりました。大前提として、「ICT機器がただあるから使う」というのではなく、子どもたちの深い学びに繋げるために「ICTが必要だから使う」ということを目指しました。

(3) 力強い動きを高める運動（リズム腕立て）

力強い動きを高めるための運動では、自分の体重を利用したり、人や物等、抵抗に対してそれを動かしたりすることによって、力強い動きを高めることをねらいとしています。どこの部分に力がかかり、どうすれば自分の力に合わせた運動をすることができるのかを考えて、ねらいを明確にして取り組むことを目的にしています。ここでは、リズム腕立て（写真1）に取り組みました。リズム腕立てでは、動きを提示す

写真1　リズム腕立て

52

4　ICTがうみだす新しい深い学び2

リズム腕立ての手順

①フォルダの中から、動画ファイルを一つ選択します。
　（※動画のスピードや提示する色のパターン、難易度が異なるファイルがフォルダに入っています）
②腕立て姿勢になり、シート（図1）の中央に左右の手をそれぞれに置きます。
③タブレット端末から動画及びその音声が流れてきたら、腕立て姿勢のまま、決められた数字や色の場所に手を動かします（写真2）。

△▽写真2　タブレットの画面とリズム腕立てに取り組む様子

図1　リズム腕立ての手を置く位置

④最後のチャレンジ画面に変わったら、一度、腕立て伏せ（写真3）をします。

写真3　最後に腕立て伏せをする様子

るツールとして、タブレット端末の動画機能を活用しました。

　サユカは、運動に対してどちらかと言えば消極的な女の子です。彼女は、腕立て伏せが1回もできたことがありませんでした。「私、力がないので腕立て伏せはできません」というサユカに対して私は、「努力すればできるようになるよ」という言葉しかかけることができませんでした。どうしても消極的になりそうな

53

第3章　実践で語る新しい授業実践のカタチ

サユカがこの体育の時間ではまるで別人のようでした。タブレット端末から流れる動画や音声を活用したこの運動はとても有効でした。1時間目を終えた時のサユカの学習カードの感想です。

> 　　今日の体育の学習は、とても楽しかったです。それは、タブレット端末から動画や音が流れて、それに合わせて腕立て伏せをする運動がゲームのようで楽しかったからです。次の時間は、今日試せなかったファイルでリズム腕立てをしたいと思います。

　2時間目、3時間目と時間を追うごとに、サユカの様子が変わってきました。初めはなんとか腕立て姿勢を取りながらも、手を震わせながら1つ手を移動させるのに精一杯だったにもかかわらず、単元が進むにつれて少しずつ、腕立て伏せがスムーズにできるようになってきました。（ゲーム感覚が楽しい…）この運動に取り組むことによってサユカの意識が変わりました。サユカの単元終了時の感想です。

> 　　私は自分の力に自信がありません。けれども、今回のリズム腕立ては、ゲーム感覚で楽しく取り組むことができました。最初は、ただ単に楽しいからという理由で取り組んでいたのですが、次第に自分の体力について考えるようになってきました。それは、友達に「サユカは、腕立て伏せの姿勢になってないよ」と言われたことがきっかけでした。友達にリズム腕立てをしている様子を撮影してもらって、動画を見るとびっくりしました。（このままではいけない）と思いました。この学習がきっかけになって、最近、家で少し腕立て伏せをするようになりました。

　サユカは、学習を進めていくごとに、自分の体力と向き合うようになってきました。時には、自分の腕立て伏せの様子を友達に動画で撮影し、正しい姿勢かどうかを確認している場面も見られました。そして、体力を高める必要性を実感し、体育の授業以外でも、体力を高めようと計画する等、変化が見られるようになってきました。

　今回の学習では、ただやらされているトレーニング的な運動に陥りがちなこの単元も、子どもたちが、ICTを利活用して、どうすれば自分の力に合った運動になるのかを主体的に考え、工夫することができました。サユカも、最初はゆっくりと確実に行い、できるようになったら徐々に速さやパターンを変えて負荷を楽しんでいるように思いました。簡単にできる子は、跳び箱を足に乗せて高さを加

4　ICTがうみだす新しい深い学び2

えるといいと考えたのもサユカでした。この案に、クラスの友達も付け加えて跳び箱の高さを2段、3段（写真4）と上げたり、腕立て姿勢から空中で手を叩いたりして、自分の体力に合わせて負荷を変えるのもいいねと発言しました。「次はもっとスピードを上げ

写真4　高さを付けて負荷を変える

て挑戦しよう」「すべての動画をクリアできたので足の高さを上げてもう一度やってみよう」等、自己の体力に応じて動画を選択し、負荷を変えて繰り返し運動に取り組むことができました。

（4）動きを持続する力を高めるための運動（1分間縄跳び）

　動きを持続する能力を高めるための運動では、1つの運動または複数の運動を組み合わせて一定の時間に連続して行ったり、一定の回数を反復したりして動きを持続する力を高めることをねらいとしています。回数が伸びたり、呼吸が楽になったりするなど、動きを持続することの効果を実感できるようにすることを目的としています。ここでは、1分間に短縄を跳んだ回数を記録する際に、Microsoft社のExcelを活用したデジタル版縄跳びカードを授業に用いました。

　「ぼくは、縄跳びに自信があるんだ。友達と競争しても誰にも負けないぞ」と自信ありげに話すのは、クラスで一番縄跳びの得意なソウスケです（写真5）。彼は、クラスの中でも縄跳びが1番得意で、二重跳び競争をしても誰にも負けま

写真5　ソウスケが1分間跳びに取り組む様子

せん。そのため、体育の時間での縄跳びは、彼にとっては明確な目標を持つことができず、あまり意欲的に取り組むことができないような印象でした。

　ICTを利活用して、縄跳びが得意・不得意に関わらず自分の目標を明確に持って取り組む手立てはないかなと考えて作成したのが、「デジタル版縄跳びカード」でした。予め、挑戦する縄跳びの技の最高記録を入力しておき、体育の学習中に挑戦した技の回数（記録）をタブレット端末に入力（写真6）すると、瞬時にその記録と最高記録との差が数値として表れてきます。このデジタル版縄跳びカー

第3章 実践で語る新しい授業実践のカタチ

ドを活用することで、ソウスケが縄跳びに取り組む様子が違いました。友達と比べるのではなく、自分の目標を明確に持って、取り組んでいるのです。このデジタル縄跳びカードは、毎時間継続して入力していくことで、自分の記録と学級の平均値との比較や、最高記録との差がグラフとなって出てきます。記録の変化に注目して、自分から跳ぶ数の目標を増

写真6　タブレットに跳んだ回数を入力

やしたり、同じ回数でも「前跳び」から「あや跳び」等の違う跳び方に挑戦したりして、自分の体力に応じた運動を選んで取り組むことができるようになりました。学習後のソウスケの感想です。

デジタル版縄跳びカード活用の手順

①授業が始まるまでに、短縄のそれぞれの跳び方の自己ベストを入力する。

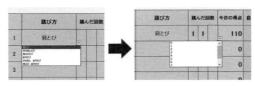

②（1分間縄跳びの実施後）その日の学習シートを選ぶ。

③跳んだ回数を入力する。

④自己ベストとの差が自動的に算出され、その差が最終得点として表示される。

4　ICTがうみだす新しい深い学び2

　これまでは、縄跳びの回数を友達とばかり比べていました。友達にはいつも勝つことができるので、体育の学習で縄跳びをする時も、あまり目標を持つことができませんでした。今日の体育の学習では、1分間跳びの記録を入力すると、これまでの自分の最高記録との比較がすぐにグラフ化されて見てわかるので（次は、もう少し早く跳んでみよう）（最高記録が出るように、もっと練習しよう）と思えるようになりました。

　タブレット端末に自分の跳んだ回数を入力したことで、ソウスケをはじめ、他の子どもたちも「あや跳びは、クラスの平均を超えたので次はかけ足跳びに挑戦」「今日はこれまでより記録が下がったので、もう一回前跳びをしよう」等と、学習時間内に具体的な目標を持つことができました。

(4) 学習の振り返り（デジタル版振り返りシート）

　毎時間の学習の振り返りには、Microsoft社のExcelとPowerPointを活用した『デジタル版振り返りシート』（写真7）を用いました。子どもたちは、毎時間、自己評価として1時間の学習の振り返りを行います。デジタル版振り返りシートには「一生懸命に取り組むことができた」「力強い動きや持続する動きが高まったと思うことがあった」（選択肢は、よくできた・できた・あまりできなかった）等の質問項目があるので、子どもたちはタブレット上の画面をタッチして当てはまるものを選択します。また、頑張ったことや感想、グループ内で見つけた友達のよい所、動きのコツは、クラウド上の共有フォルダ内にあるPowerPointのシー

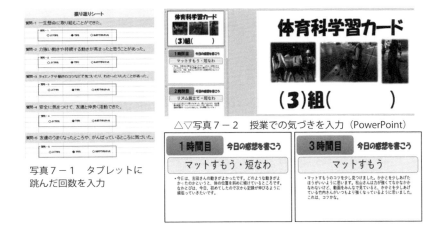

写真7-1　タブレットに跳んだ回数を入力

△▽写真7-2　授業での気づきを入力（PowerPoint）

57

ト（写真７）に入力するようにしました。ここに入力することで、毎時間の学習の振り返りを読み返すことができます。学習が進むにつれて一人ひとりの振り返りシートが増えるので、単元終末にはこれまでの自分の学習の軌跡を見直し、努力や工夫、体力の高まりに気が付くことが容易にできます。全ての子どもたちの学習後の感想や動きのコツ・気付き等が共通フォルダに保存されているので、子どもはいつでも友達の考えや気付いたこと等を見ることができます。友達と考えをデジタル版学習カードでも交流し、互いをより深く知ることで、動きのコツを中心に活発な意見交流を行うことができました。従来の紙ベースでの学習カードから、デジタルに移行することで、これまで学習カードは、「自分自身を振り返る」「子どもと教師とをつなぐ」ツールであったものに加えて、「子ども同士をつなぐ」コミュニケーションツールへと変化してきました。

また、指導者用のExcelファイルのシート（写真８）には、全ての子どもたちの「振り返り」が自動的に反映されます。授業での行動観察と合わせて学級全体、子ども一人ひとりの変容を読み取ることができます。デジタルポートフォリオの活用は、子どもが学習の軌跡をたどり自己評価をする手がかりとなるとともに、指導者が自分の指導を振り返る上でも有効でした。

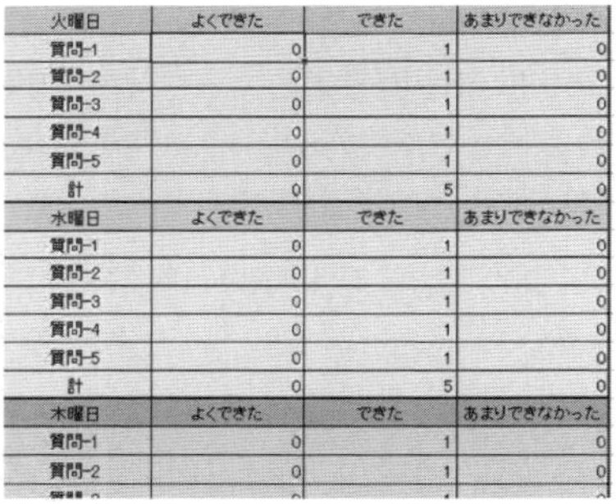

火曜日	よくできた	できた	あまりできなかった
質問-1	0	1	0
質問-2	0	1	0
質問-3	0	1	0
質問-4	0	1	0
質問-5	0	1	0
計	0	5	0
水曜日	よくできた	できた	あまりできなかった
質問-1	0	1	0
質問-2	0	1	0
質問-3	0	1	0
質問-4	0	1	0
質問-5	0	1	0
計	0	5	0
木曜日	よくできた	できた	あまりできなかった
質問-1	0	1	0
質問-2	0	1	0

写真８　指導者の集計

３．新しいコミュニケーションの可能性

本単元で取り上げた「リズム腕立て」「デジタル縄跳びカード」「デジタル学習カード」は、特別購入したソフトウェアやアプリ・授業支援システムを活用したものではなく、どれも始めからタブレット端末に入っていたソフトウェアを活用したものです。けれども、子どもたちの学習が従来の同単元での学習とは大きく違いました。

「リズム腕立て」は、最初は、ICTを活用しているから楽しいという短絡的な動機から始まったものでしたが、学習を進めていくうちに、体育科の学習の枠を超えて自分の体力や生活を見直すきっかけになりました。

「デジタル縄跳びカード」では、表計算ソフトの特長を活用して、瞬時に自分の記録をグラフや数値から読み取り、次の学習への意欲へとつなげることができました。

「デジタル学習カード」では、「自分自身を振り返る」「子どもと教師とをつなぐ」ツールであった従来型のコミュニケーションに「子どもと子どもとをつなぐ」ことができ、その双方向のコミュニケーションを通して、学びが深くなっている姿を見出すことができました。

　今回の実践を通して、子どもたちの従来の学びがICTを利活用することによって、さらに深いものへと深化した姿を垣間見ることができました。ICTはあくまでもツールです。しかし、そのツールの活用法次第では、従来の学びを、より深い学びへ誘う手助けになるということを子どもたちの姿から改めて感じました。

　タブレット端末をはじめ様々なICT機器の導入が進み、ICT機器を利活用する実践開発が進んでいる今こそ、私たちの授業の在り方を見直さなくてはいけません。「ICT機器の特殊な使い方を探る」のではなく、子どもたちのさらなる深い学びを実現するためのICT活用。このことをいつまでも肝に銘じておいて真摯に授業に子どもたちに向き合っていかなくてはいけません。

【参考・引用文献】
細江文利・鈴木直樹・成家篤史（2011）体つくり運動の授業づくり．教育出版文部科学省（2012）学校体育実技指導資料第7集体つくり運動．東洋館出版社
鈴木直樹・成家篤史・石塚諭・大熊誠二（2015）新しい「体つくり運動」の学習評価の実践．創文企画
鈴木直樹・成家篤史・石塚諭・阿部隆行（2017）子供の未来を創造する体育の「主体的・対話的で・深い学び」．創文企画

第4章

体育における
ICT利活用のQ&A

第4章　体育におけるICT利活用のQ&A

革新的な8つの新技術で教育も変わる！

鈴木直樹（東京学芸大学）

Q 最近、ICT, AI, VR, AR, MR, SR, IoT, 5Gなど、情報機器の活用と関連してたくさんの横文字を目にします。なんとなくわかったふりをしてきたのですが、実は、よくわかっていません。これらはどんなものなのでしょうか？

１．暗号のような言葉…

　2018年9月17日にAppleからiOS12がリリースされました。その新しい機能の説明には下記のような文言がありました。

> 「オープンソースのUniversal Scene Description（ユニバーサルシーンディスクリプション、USD）によって構築された新しいファイル形式であるusdzは、ストレージや共有のために最適化されており、iOS上で3Dコンテンツをネイティブに表示および共有することができます。iOS 12では、Safari、メッセージ、メール、News、メモなどの内蔵アプリケーションで、3DやARの仮想オブジェクトのusdzファイルをQuick Lookでネイティブに表示することができます。また、デベロッパはQuick Lookビューをアプリケーションに組み込むこともできます。キラキラした仮想オブジェクトに現実世界の周囲の景色が映り込むなど、極めてきめ細かくレンダリングされた画像がユーザーに表示されます。」

　読者の皆様は、これを一読して理解できたでしょうか？　私は、暗号のように読めるこの文章に？？？がいっぱいです。ICTをこれから積極的に利活用してみたいと思っている方の中には、こんなローマ字やカタカナ、英数字の表記をよく理解できずに困っている方もいるのではないかと思います。そこで、ここでは、本書で知っておいてほしい英数字で表記される言葉について簡単に解説をしていきたいと思います。

2．革新的な新技術

【ICT】ICTとは、「Information and Communication Technology」の略称で、「情報伝達技術」と訳されます。以前は、IT（Information Technology）を使うことが一般的でしたが、最近では、ICTを用いることが多くなってきました。ICTという考え方への変化は「人と人」「人とモノ」の情報伝達といった「コミュニケーション」がより強調され、情報・知識の共有に注目しているからといってもよいと思います。総務省でも、世界最先端のIT国家を目指すための「e-Japan戦略」を2001年に策定し、2004年に「u-Japan構想」へ変更していますが、その変更の中で、情報技術分野における指針「IT政策大綱」を「ICT政策大綱」に改称しています。また、ITはコンピュータ関連の技術、ICTはコンピュータ技術の活用方法を指す言葉として使い分けることもあるようです。

【AI】東京学芸大学では、平成31年度から大学院が大きく改組されます。その中で、修士課程では、AIを専攻する分野が誕生します。このように、AIは教育の世界においても研究対象として注目が集まっています。

　ところで、人工知能（Artificial Intelligence: AI）という用語は、1950年代中頃に誕生し、意外にも古くから用いられています。しかし、近年の科学技術の急速な発展の中で、そのパフォーマンスが高度化し、人間が行ってきた作業を肩代わりしたり、人間に勝るパフォーマンスを発揮したりするようになり、より注目を集めるようになりました。2015年には野村総研が、10年〜20年後に、日本の労働人口の49%が人工知能やロボット等で代替可能になることを推計し、発表しています。

【VR】VRとは、「Virtual Reality（バーチャル＝リアリティ）」の略であり、日本語でいえば、「仮想現実」ということになります。すなわち、VRとは、コンピュータ上で現実に似せた仮想世界を作り出し、あたかもそこにいるかの様に知覚その他の感覚を通じ、疑似体験できるようにしたものです。「HMD（Head Mounted Display）」といわれるゴーグルをつけてVRを体験したことがある人もいるのではないかと思います。2016年はVR元年とも呼ばれており、ゲーム機など製品化されたものが多く出回り、VR技術によって360度ゲーム世界を体感できるものなど、好調な売れ行きを示しています。

第4章　体育における ICT 利活用の Q&A

【AR】ARとは、「Augmented Reality：オーグメンテッドリアリティ」の略であり、日本語では、「拡張現実」と呼ばれています。VRが仮想の世界を現実であるかのように体験させるのに対して、ARは現実世界にデジタル情報を重ね合わせて、仮想現実を現実世界に拡張していくようなものです。

例えば、「ポケモン GO」などは代表的な AR 技術を使ったものであり、スマートフォンで実際の景色を映すと、その場にポケモンが登場したかのように感じられるものです。私がよく使用するナビゲーションツールでも、実際の道を映し出すと、その道路の上に、行き方が示され、自分が歩いてきた道を映してみると、そこに足跡がついているようなアプリもあります。

【MR】MR とは、「Mixed Reality：ミックスドリアリティ」の略称で、日本語では「複合現実」と呼ばれます。MR は CG などで人工的に作られた仮想世界と現実世界の情報を組み合わせて、仮想世界と現実世界を融合させる技術です。AR ととても似ているようですが、AR では、現実世界が中心である一方で、MR では、仮想世界が中心であり、そこに現実世界を重ね合わせ融合させ、それが違和感なく現実世界のように感じられるような技術が MR です。

　例えば、ある住宅メーカーが開発したものには、まだ建物が立っていない空き地を投影すると、そこにこれから建てる予定の建物を仮想世界として創り上げ、他の景色と調和させて、建物が建った後の風景を疑似体験するようなものがあります。

【SR】SR とは、「Substitutional Reality：サブスティチューショナルリアリティ」の略称で、日本語では「代替現実」と呼ばれる技術です。こちらは VR、AR、MR よりも新しい技術で、現在見えている映像に事前にとってあった過去の映像を重ねることで過去に起きた出来事を現在進行形で起こっているように見せることが出来る技術です。全方位の 360°カメラであらかじめとっておいた映像と前面に取り付けられたカメラから映し出されていた映像をすり替えることでそこにいない人がいるかのような錯覚を感じることができます。現在と過去をさかのぼり、その境目をあいまいにすることで体験者の主観で見ている現実そのものを操作します。

【IoT】IoT とは「Internet of Things」の略称で、「モノのインターネット」と訳されます。IoT は、PC やスマートフォンなどの従来型の通信機器を除いた、あ

1　革新的な8つの新技術で教育も変わる！

りとあらゆる「モノ」がインターネットとつながる仕組みや技術のことを指します。近年ではスマートウォッチなどのウェアラブルデバイスを筆頭に、建物、電化製品、自動車、医療など、さまざまな分野でIoTは活用されており、今後もインターネットにつながるモノは爆発的に増加していくと考えられています。我が家でも、お掃除ロボットを遠隔で操作し、自宅に帰る前に、掃除を済ませておくような使い方などをしています。突然の来客があるときなど、とても便利な機能です。

【5G】5Gは、「第5世代移動通信システム」のことであり、現在、規格の標準化が進められている次世代の通信技術です。5GのGは「Generation」であり、日本のアナログ方式の携帯電話がスタートした1979年から第5世代目の変更になるということです。現在、私たちが使っているのが、4Gと呼ばれるもので、高速・大容量化を実現した通信技術です。したがって、スマートフォンやタブレットなどを使って、動画コンテンツやゲームを楽しんでいる人も多いと思います。さほど、ストレスなく使用することができているのではないかと思います。

　ところが、これからの社会ではIoT化が進み、これまで以上に大容量のデータ量がやりとりされることになります。そうなると4Gでは対応することが不可能になってしまうと考えられています。そこで、10Gbps以上の高速化を図り、大容量のデータのやり取りを可能にし、現状の100倍以上の端末接続を可能にし、信頼性が高く、省電力で、低コストの技術が必要となってきます。その為に、5Gが今、開発されています。この技術が実現すればホログラムなどの活用も容易にできるようになるといわれ、大きな技術革新につながるのではないかと考えます。

3．教育も変わる！

　教育機器といわれてきたあらゆるものがインターネットに接続されるようになると、情報の共有のされ方にも大きな変更がなされるようになると考えられます。学校という概念自体が変わり、VRやMR、ARを使った仮想学校のようなものさえも登場してくる可能性があります。そのようになると国境も今まで以上にボーダーレスになり、超グローバル化した教育の登場が期待されます。このように大きな変貌を遂げる世界に適応し、新しい教育の担い手になっていくべく、教師も変化していかなければなりません。

第4章　体育におけるICT利活用のQ&A

2 体育科でプログラミング的思考を育もう！

山口正貴（三鷹市立大沢台小学校）

Q 新学習指導要領では、プログラミング教育というものが入ってきました。先日、研修会で「学習指導要領に例示した単元等に限定することなく、多様な教科・学年・単元等において取り入れる」ことを指導されました。この、プログラミング教育ってどんなものなのでしょうか？　そして、体育でも導入することができるのでしょうか？

1．小学校段階でのプログラミング教育

　AIやIoTなどの技術革新が加速化する第4次産業革命では、今ある職業の多くが姿を消し、代わってプログラミングのスキルが必要となる職業が新たに創られていくだろうと言われています。

　平成29年度告示の小学校学習指導要領の総則では、教科等を横断して身につけるべき資質・能力の一つとして、言語能力や問題発見・解決能力等と並んで、情報活用能力が示されています。その情報活用能力の中に「プログラミング教育」があります。また、小学校段階における論理的思考力や創造性、問題解決能力等の育成とプログラミング教育に関する有識者会議（2016）では、「プログラミング教育とは、子供たちに、<u>コンピュータに意図した処理を行うように指示することができるということを</u>体験させながら、将来どのような職業に就くとしても、時代を超えて普遍的に求められる力として<u>「プログラミング的思考」などを育成するもの</u>」とされています。その「プログラミング的思考」とは、「自分が意図する一連の活動を実現するために、どのような<u>動きの組み合わせ</u>が必要であり、一つ一つの動きに対応した記号を、どのように<u>組み合わせ</u>たらいいのか、記号の組み合わせをどのように<u>改善</u>していけば、より意図した活動に近づくのか、といったことを<u>論理的に考えていく力</u>」と示されています（下線は筆者による）。

　このように、小学校段階でのプログラミング教育では、プログラミング言語を覚えたり技能を習得したりするものではなく、身近な生活の中でコンピュータ等の情報技術に支えられていることや体験を通してプログラミングを知ることや、自分もコンピュータを使って何かを作れるという気づきを与えること、「プログ

2　体育科でプログラミング的思考を育もう！

ラミング的思考＝論理的に考えていく力を養うこと」が求められます。

　プログラミング教育は、教科ではありません。あくまでも教科横断的に各教科の特質を生かし、教科の目標を達成しながら子どもたちが主体的にプログラミング的思考を養えるようにしていきます。

2．体育でのプログラミング教育

　前任校では、数年間、体育の研究に取り組みました。そこで、その経験や環境を生かして、体育でのプログラミング教育の授業を考えていきました。

　体育の教科の特質の一つとして、自分の体を動かしながら試行錯誤するので、できた・できないが分かりやすく、見通しを立てたり、振り返ったりする活動を行いやすい面があります。また、チームやグループで取り組む領域も多く、認め合いながら話し合い、自分の体のコントロールやコツなどを体で覚えたり、見たり感じて得られた情報を思考・判断したりできるなど、主体的な問題解決学習を行える面があります。こうした、試してみる・振り返る・繰り返す・組み合わせる・改善する・協働する・筋道を立てる等といった論理的に考える力、プログラミング的思考を育むことができると考えました。

(1) 高学年の実践：マット運動とプログラミング教育

　マット運動でプログラミング教育を実践しました。

　図1は、マット運動の技の動きをビジュアル化したブロックです。マジックテープで技の組み合わせを可能にしました。授業では、これを使用し、写真1のようなグループでオリジナルの組み合わせ技を考えていきました。子どもたちは、「後転の後に前転をするのは、スムーズにいかないね。後転→開脚後転にしよう」など、試行錯誤しながら学習を進め、プログラムを作ることができました。そして、そのプログラム通りにできたかについて、タブレットで撮影して出来具合をお手本動画と比べる活動をしました。グループで作ったプログラム（流れ）を実現するために、その中で自分ができない技に意欲的に練習したり、アドバイスを伝え合ったりと協働して学習に取り組みました。

図1　使用したブロック（上から、前転、開脚前転、側方倒立回転を表している）

写真1　ブロックを並べ替えて、組み合わせ技を考える

第4章　体育におけるICT利活用のQ&A

(2) 中学年の実践：体つくり運動とプログラミング教育

「メニューを組み立てて「イマココ」を伸ばそう」（めあてに向かって動きのつながりを考え組み立てる）という目標に向かい、中学年では体つくり運動で実践しました。

バランスボールやボールを使った8の字ドリブル、フラフープを使った動きなど、自分自身の多様な動きを高めるための練習メニューを作成する学習を行いました。「いま―ここ」（自分の現在の力）を合言葉に、自分のバランス力や用具を操作する力などをチェックする時間を毎回設定し、次時の練習メニューを考えていきました。その際、平均台のマーク（バランス力を鍛えるため）やフラフープのマークなどが描かれたマグネットを、ホ

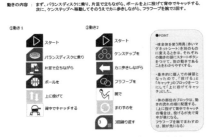

図2　マグネットの使い方を示す例

写真2　実際に子供が作ったメニュー

ワイトボードに自由に貼り、自分でより動きを高めていくための練習メニューを並べ替えられるようにしました（図2・写真2）。

学習の振り返りでは、「前回のメニューを少し難しくしてやってみたら「いま―ここ」が伸びた。次も同じようにやってみたい」と自分の立てためあてに対してメニューや体の動かし方について振り返ることができました。

色々な動きの組み合わせや繰り返しは、多様な動きの高まりにも繋がることができました。また、自分で練習メニューを組み合わせる学習では、初めのうちは、何も考えずにやりたいことだけのメニュー作りになっていましたが、チェックする時間を設定し、自分の体を通し高まっているかを確認したことで、授業の単元後半では、意味のある組み合わせ方を考えるようになってきました。

(3) 低学年での実践　表現運動とプログラミング教育

低学年では、表現運動でプログラミング的思考を育む授業を行いました。単元前半では、「色々な動きを見つけよう」というめあてのもと、子どもたちが自由に考えた動きを写真に撮り、ダンスの基となる動きをみんなで集めていきました。

単元後半では、その基となった動きをカードにし、グループで動きを繋げてい

2 体育科でプログラミング的思考を育もう！

く学習を行いました。音楽にあったダンスとするために、各グループにラジカセを与え、何回もダンスしながら、動きを確認していました。低学年ということもあり、自分で考えた動きを入れたいという気持ちもあったかと思いますが、流れをスムーズにすることを優先して、最適な動きを選び組み合わせていました。

写真3　みんなで集めた動き

写真4　音楽に合った組み合わせ

(4) 実践して、体育でのプログラミング教育の導入について考えること

本実践は、「色々な動きを組み合わせる」ことに焦点を当てた低・中・高学年の実践です。どの学年も、最適な組み合わせを考えるまでに、「試してみる→振り返る→改善する→筋道を立てて組み合わせる（意味のある組み合わせ方）」という流れで、プログラミング的思考を育むことができました。

小学校段階では、どの授業でも体験的に学ぶことに意味があると感じています。その際、単元すべてでプログラミング教育を行うのではなく、プログラミング教育を取り入れていくと学習内容がより深まるところ（本実践では、組み合わせの技を考える場面）で実践していくことが大切だと思います。なお、1年生の総合的な学習の時間でも同じような実践をしました。近くの山（栗山）の探検に行き、様々な自然のものを自分たちで見つけた後、碁盤の目のワークシート上で、ブロックを使う栗山探検を行い、プログラミングの基礎である「逐次処理」の考え方に触れました。体育での学びが生かされるだけではなく、体育と他教科等の横断的な実践により、プログラミング的思考を深める授業ができると考えています。

【引用・参考文献】
小学校段階における論理的思考力や創造性、問題解決能力等の育成とプログラミング教育に関する有識者会議（2016）の文部科学省の「小学校段階におけるプログラミング教育の在り方について（議論の取りまとめ）」http://www.mext.gc.jp/b_menu/shingi/chousa/shotou/122/attach/1372525.htm（2018年9月2日取得）.

第4章　体育における ICT 利活用の Q&A

「学習活動の量的フレーム」と「学習内容の質的フレーム」

鈴木一成（愛知教育大学）

Q この前、体育の時間に ICT を使ってみたのですが、子どもたちは操作に時間がかかり、運動する時間が減ってしまいました。あまり体育で ICT を使うよさがわかりません。なぜ、体育で ICT を使うのですか？

1．なぜ、体育で ICT を使うのか

　それは、「計画通り」ではなく、「目標通り」の体育を実現するためです。
　体育には目標があります。新学習指導要領では、(1) 知識及び技能、(2) 思考力・判断力・表現力等、(3) 学びに向かう力・人間性等で整理されました。これら3つの柱は、「生涯にわたって心身の健康を保持増進し豊かなスポーツライフを実現（高等学校は、「継続」）するための資質・能力」の育成することを目指しています（表1）。ところが、この体育の目標を実現するための ICT 利活用を考えるとき、ご質問にある「運動する時間」vs「ICT の操作時間」の問題が生じることがあります。次に、この問題が生じる原因と、それを解決する方法を探ってみます。

2．「運動する時間」vs「ICT の操作時間」（学習活動の量的フレーム）

　体育にとって運動は外せません。先の目標にある「体育の見方・考え方」に通じますが、運動には「する」だけではなく、「みる・ささえる・知る」といった多様な関わり方があります
　その中でも、よく取り上げられるのが「運動"する"時間」です。「今日の授業は運動量が確保されていてよかった」といった感想は、その一例です。ここにICTを入れようとすると、ご質問のように、ICT 操作に時間がかかり、運動する時間が減るという問題が生じます。氷を入れると、コップに入る水の量が減るのと同じです。水の量を増やすには、氷の量を減らす必要があります。運動する時間を増やすには、ICT 操作の時短が鍵です。具体的には、取扱説明書に従って、「無理なく・無駄なく・順序よく」を基本として、操作の頻度を上げ、操作そのものに慣れることが大切です。「運動する時間」と「ICT を操作する時間」の対立は、

3 「学習活動の量的フレーム」と「学習内容の質的フレーム」

表1 小学校・中学校・高等学校の体育（保健体育）の目標

小学校	中学校	高等学校
体育や保健の見方・考え方を働かせ、		
課題を見付け、その解決に向けた学習過程を通して、	問題を発見し、合理的な解決に向けた学習過程を通して、	課題を発見し、合理的、計算的な解決に向けた学習過程を通して、
心と体を一体として捉え、		
生涯にわたって心身の健康を保持増進し豊かなスポーツライフを実現するための資質・能力を次のとおり育成することを目指す。	生涯にわたって心身の健康を保持増進し豊かなスポーツライフを実現するための資質・能力を次のとおり育成することを目指す。	生涯にわたって心身の健康を保持増進し豊かなスポーツライフを継続するための資質・能力を次のとおり育成することを目指す。
(1) その特性に応じた各種の運動の行い方及び身近な生活における健康・安全について理解するとともに、基本的な動きや技能を身に付けるようにする。	(1) 各種の運動の特性に応じた技能等及び個人生活における健康・安全について理解するとともに、基本的な動きや技能を身に付けるようにする。	(1) 各種の運動の特性に応じた技能等及び個人生活における健康・安全について理解するとともに、技能を身に付けるようにする。
(2) 運動や健康についての自己の課題を見付け、その解決に向けて思考し判断するとともに、他者に伝える力を養う。	(2) 運動や健康についての自他の課題を発見し、合理的な解決に向けて思考し判断するとともに、他者に伝える力を養う。	(2) 運動と健康についての自他や社会の課題を発見し、合理的、計画的な解決に向けて思考し判断するとともに、他者に伝える力を養う。
(3) 運動に親しむとともに健康の保持増進と体力の向上を目指し、楽しく明るい生活を営む態度を養う。	(3) 生涯にわたって運動に親しむとともに健康の保持増進と体力の向上を目指し、明るく豊かな生活を営む態度を養う。	(3) 生涯にわたって継続して運動に親しむとともに健康の保持増進と体力の向上を目指し、明るく豊かで活力ある生活を営む態度を養う。

学習活動の量的なフレームから生じる問題です。そして、その解決は、主にICT操作の時短テクニックに期待が寄せられ、効率性の問題解決に至ります。しかし、効率よくICT利活用する学習は、体育の目的を実現するかどうかという効果性の問題は、依然として残されたままとなります。そのため、なぜ、体育でICTを使うのかについての説明には及ばないことになります。ICTは運動時間を増加させることについては第5章2をご覧ください。

3．ICTの「I」と「C」にこだわる（学習内容の質的フレーム）

(1)「I」にこだわる──情報提供か情報生産か──

「I」とは「情報（information）」です。体育ならではの情報が、「提供」されるものなのか、「生産」するものなのかによって体育授業そのものの考え方が変わります。情報は「提供」されるものとすれば、情報の所有者は常に教師となります。教師の仕事は、それを子どもたちに「提供」することになります。ここでのICT利活用は、例えば、手本となる動画や静止画を提示する「手本の提示」と、自分の動きがどれくらい手本に近づいたかの「出来栄え評価」に使われることになります。そのため、指導過程は「手本の提示・手本に近づくための練習・出来栄え

第 4 章　体育における ICT 利活用の Q&A

評価」となり、「正解」を求める体育授業となります。
　一方、情報は「生産」するものとなれば、情報は常に授業の中で生まれるものであり、子どもたちと教師とで「生産」することになります。例えば、体育におけるタブレット端末によるゲーム撮影は、単に撮影するということではなく、チームにとって有益な情報とは何かを考えると、「いつ」撮るのか、「どこ」で撮るのか、「何」を撮るのかも意識することになります。これらは「みる」という運動のかかわり方ですが、「する」ことを繰り返すことで、他者の運動をみて、あたかも自分がやっているかのように捉えることができるようになります。つまり、撮影者としてゲームを「みる」ことと、プレーヤーとしてゲームを「する」を往還する中で、常にチームにとって必要な情報とは何かを考えることになります。そのため指導過程は「する―みる」という「試行と思考の往還」となり、「身を以て知る―相手の身になる」という体育の固有の学びから「成解」を探る体育授業となります。
　Society5.0 と呼ばれる新時代の到来が社会や生活を大きく変えて、多様な事象が複雑化して、変化の先行きを見通すことが一層難しくなってきています。そこで求められる力は、情報を「生産」する中で育まれると考えます。

(2)「C」にこだわる―Communication・Creation・Core content・Connection―

　「C」は「コミュニケーション（Communication）」です。IC と ICT の大きな違いがここにありますので、体育で ICT を使う理由は、ICT 機器の使い方を知るのではなく、人間的なコミュニケーションの創造（Creation）にこそあります。
　例えば、ゲーム後の子どもの発言には「あのとき…」や「ここで…」といった指示語を含む場合が少なくありません。しかし、「あのとき」や「ここ」は共有されているとは限りません。むしろ、「あのとき」とはいつのことだろう、「ここ」とはどこのことだろう、と各個人の中では不安が募ります。そこへ、次の「あのとき」や「ここ」が累積すれば、不安だけが学びを支配します。
　ここで、例えばタブレット端末でゲームを撮影した動画や静止画があれば、「あのとき」や「ここ」が確認できるまで何度もみること（試行の繰り返し）ができます。また、指示語が視覚情報と結び付き、思っていることや考えていることをみえるようにすること（思考の可視化）もできます。しかも、言葉を重ねなくても、一瞬にして共有すること（瞬時の共有化）が可能となります。このとき、試行の繰り返し・思考の可視化・瞬時の共有化の対象は、体育の中核的な内容（Core content）に関連していることが大切です。そうでなければ、体育の学びへの不

3 「学習活動の量的フレーム」と「学習内容の質的フレーム」

安は完全には解消せず、安心して学びを深めることができないと考えます。
　体育の学びを深めるには、次の3つのつながり（connection）を大切にしたいと考えます。
　まず、これまでバラバラだった「知識」と「知識」のつながりです。新学習指導要領の体育の「知識」は、①形式知（言葉や文章など明確な形で表出することが可能）だけでなく、②暗黙知（勘や直感、経験に基づく知恵など）を含む概念であり、③意欲、思考力、運動の技能などの源となるものとされています。
　特に、②暗黙知や③意欲、思考力、運動の技能などの源は、心と体を一体として捉える体育固有の学びであり、見えづらく言葉では送受信し難いものがあります。ここで、ICT利活用で「試行の繰り返し・思考の可視化・瞬時の共有化」を可能にします。②と③が他者と「共有」できれば、見えづらく送受信し難い分だけ、感動も大きいはずです。さらには、それを知ると居ても立ってもいられないという学びのシグナルが鳴り響く、情報の「共感・共鳴」にもなります。まさに生きて働く「知識・技能」となり、表1の（1）と関連します。
　次に、「友達が説明してくれたことは、あの場面のことか」といった「知識」と「場面」がつながることです。また、「あの時にも学んだことが、今回も同じ場面で使えるぞ」といった「知識」と「場面」のつながりは、やはり、ICT利活用で「試行の繰り返し・思考の可視化・瞬時の共有化」により、未知の状況にも対応できる「思考力・判断力・表現力等」となり、表1の（2）と関連します。
　そして、「これを知れば、もっと面白くなりそう・役に立てそう」といった「知識」と「価値・手応え」がつながることです。これは、学びを人生や社会に生かそうとする「学びに向かう力・人間性等」となり、表1の（3）と関連します。

(3) ICT利活用が迫る学習内容の質的フレームと体育の再定義

　体育は、運動・スポーツの多様なかかわり方を対象とします。その際、ICTと運動との関係を対立的にとらえたり、必要以上に不安に思ったりするのではなく、むしろICTを、子どもの学びを補助、拡張し、可能性を広げる有用な道具と捉えることが大切です。これは体育の学習内容を質的に検討することとなります。学習内容の質的な充実が図られるとき、学習活動の量的な問題は解消されています。また、「なぜ、体育でICTを使うのですか」という問いは、改めて体育は何を学ぶのかも問います。その解を人間的なコミュニケーションの創造に求めることは、体育の再定義を考える契機となります。これも体育でICTを使う理由です。

第4章　体育におけるICT利活用のQ&A

4　最低限必要な情報機器の環境づくり

中嶋悠貴（名古屋市立鶴舞小学校）

Q 新学習指導要領では、体育においてICT機器を利活用し、「各領域の特質に応じた学習活動を行うことができるように工夫すること」が述べられています。これを実現できるようにしていきたいと思いますが、最低限必要な情報機器の環境はどのようなものでしょうか？

1．「各学校において」情報機器の環境整備をする

　タブレット型端末を用いて動きの撮影をさせたい、映像を大型ディスプレイに映し出して課題を共有させたい、映像や音声を保存させて学習履歴を作成したい等、情報機器を利活用した授業に取り組みたいものです。このような授業をするためには、情報機器の環境を整備することが必然となります。

　2017年公示の学習指導要領において、「情報活用能力の育成を図るため、各学校において、コンピュータや情報通信ネットワークなどの情報手段を活用するために必要な環境を整え、これらを適切に活用した学習活動の充実を図ること」（下線は筆者加筆）と示されました。すなわち、「各学校において」情報機器の環境を整えていかなければなりません。

　しかし、実際のところ、タブレット型端末や電子黒板を一度に大量に購入したり、インターネット環境をすぐに整備したりすることは難しいと思います。よって、計画的に順次、情報機器を整備していく必要があります。

　そこで、本節では、本校が整備した情報機器の環境やその利活用例を紹介することを通して、ICT利活用した体育の授業をするために最低限必要な情報機器の環境について考えていきたいと思います。

2．情報機器の環境整備とその利活用例

（1）情報機器の環境整備

　本校は、基本的に1学年1学級、計9学級（特別支援学級も含む）の規模の学校です。その本校において、体育を含めた各教科や外国語活動等で情報機器を利活用することができるように、次のものを各学級に購入・整備をしました。

4　最低限必要な情報機器の環境づくり

> 情報機器
> ・タブレット型端末 1 台　・プロジェクター　・実物投影機
> ・ホワイトボードシート（黒板張り付け用）
> ・WiFi ルーター　・HDMI ケーブル　・RGB ケーブル　・LAN ケーブル

　なお、タブレット型端末はインターネットに接続することができます。また、タブレット型端末の画面は、Wi-Fi ルーターを通してプロジェクターで投影することができます。加えて、実物投影機とプロジェクターを RGB ケーブルで接続し、タブレット型端末と実物投影機は併用できるようになっています。
　さらに、この各学級で使用できる情報機器に加え、各階に 1 台ずつ予備のプロジェクターを整備し、体育館等の特別教室でも使用できるようにしました。

(2) 情報機器の利活用例
　上記の情報機器は、例えば、以下のように利活用しています。

> ・社会科や理科等で写真資料や映像資料を投影する。
> ・図画工作科や家庭科等で、教師の手元を拡大して投影する。
> ・外国語活動のデジタル教科書の動画や映像を視聴する。
> ・タブレット型端末のフォルダに PDF 化した教科書のデータを保存し、教科書にある図や資料等を拡大して投影する。
> ・タブレット型端末で子どもが記述したプリントやノートを撮影・保存・投影する。

3．タブレット型端末 1 台を利活用した体育の実践例

(1) 授業の概要
　下記は、授業の概要です。本実践は、整備した情報機器のうち、1 台のタブレット型端末を利活用し、体つくり運動「長なわとび」の授業に取り組みました（次頁表）。

(2) タブレット型端末の動画機能を利活用
　本授業実践は、「長なわとびの新しい跳び方を開発しよう」のねらいのもと、

75

第4章　体育におけるICT利活用のQ&A

【領域・単元】体つくり運動（巧みな動きを高めるための運動）6時間扱い 【学習者】小学校5年生34名　【ねらい】長なわとびの新しい跳び方を開発しよう					
	1	2	3	4	5	6
学習過程	遮断機跳び （縄の動かし方） 基本の入り方・抜け方	「開発」グループごとに跳び方を開発する ↓ 「共有」開発した跳び方を全体で共有する ↓ 「楽しむ」いろいろな跳び方を楽しむ				

　第2時以降は、「開発」「共有」「楽しむ」といった活動の順で授業を展開しました。この「開発」「共有」「楽しむ」といったそれぞれの活動において、図1のようにタブレット型端末の動画機能を利活用しました。

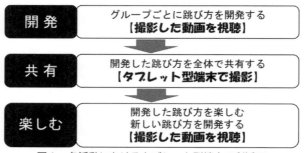

図1　各活動におけるタブレット型端末の利活用

　まず、各グループが開発した跳び方を全体で「共有」する活動において、教師がタブレット型端末で各グループが試技している様子を動画撮影をしました。なお、各グループが開発した跳び方を他の子どもたちが見ると同時に撮影をしました。

共有する活動での動画撮影

　次に、撮影した動画は、子どもたちがいつでも観ることができるようにしました。そして、「楽しむ」活動において、他グループが開発した跳び方に取り組むことや、「開発」する活動において、他グループが開発した跳び方を参考にして新たに跳び方を開発したりすることができるようにしました。

動画を視聴する子どもたち

　このように、タブレット型端末の動画機能を利活用した学習活動に取り組んだ

結果、子どもたちはいろいろな跳び方を開発することができました。その跳び方を開発する際には、他のグループが開発した跳び方を視聴したり、前時までに開発した跳び方を振り返ったりすることに動画を利活用する姿が見られました。

このことから、タブレット型端末の動画機能を利活用することによって、「学びの共有化」と「学びの蓄積」をすることができたと考えられます。言わば、「他者とのコミュニケーションツール」、「これまでの自分たちとのコミュニケーションツール」として動画機能を利活用することができたと考えられます。

4．最低限必要な情報機器の環境とは

(1) タブレット型端末の共用

前述のように、タブレット型端末1台の利活用でも、「学びの共有化」や「学びの蓄積」を図ることができました。体育は、運動学習が基本となるため、動きの撮影・視聴・保存・分析等、情報機器の動画機能を利活用した実践が考えられるでしょう。とりわけ、前述の実践のように、持ち運びができて画面も大きいタブレット型端末を利活用した実践例が見受けられるようになってきました。

本校は、基本的に1学年1学級という規模のため、各学級に1台ずつのタブレット型端末を整備することができました。しかし、大きな規模の学校では、1人1台ずつはもとより、各学級に1台ずつのタブレット型端末も整備することは難しいと思います。まずは、学年ごとや教科ごと、もしくは、教師に1台ずつのタブレット型端末を整備し、共用することから始めてみてはどうでしょうか。

(2) デジタルカメラの利活用

動画機能を利活用したいならば、デジタルカメラでも撮影や視聴が可能です。画面が小さく、撮影した映像を複数人で見ることができない場合は、プロジェクターに接続し、ホワイトボードや体育館の壁面に拡大して投影することができます。その際、HDMIケーブルで接続すれば、音声も出すことができます。

このように、タブレット型端末1台、デジタルカメラなど、まずは現状ある情報機器を、各領域の特質に応じて利活用してみてはどうでしょうか。

【引用・参考文献】
中嶋悠貴（2016）動画の活用（体つくり運動「長なわとび」）、学芸大学附属小金井小学校研修会実践報告書．
文部科学省（2017a）小学校学習指導要領、pp.22-23、pp.154-155．
文部科学省（2017b）中学校学習指導要領、pp.23-24、pp.129-131．

第4章　体育における ICT 利活用の Q&A

5　まずはこれ！　ICT機器の購入とその順番

榊原章仁（阿久比町立東部小学校）

Q ICT 機器をそろえようと思っても、学校には十分な予算がなく、あれもこれも買えません。どのような順番で ICT 機器をそろえていけばよいですか？

1．まずはこれ！

私はまず、デジタルカメラとモバイルプロジェクタを購入しました（右の写真）。次にタブレット端末を購入しました。いずれも、子どもたちが活用できるようにしたいと思ったからです。ここでは、比較的安価なデジタルカメラとモバイルプロジェクタについて紹介します。

デジタルカメラについて
◆連続画像が撮影できるもの、なるべく液晶の大きなものを購入しました。
※連続画像の撮影ができるとマットや跳び箱などの子どもの動きを連続して撮影して活用することができます。なお、連続画像撮影にはシャッタースピードを選べるものもあり、今回はシャッタースピードが2種類選択できるものを購入しました。
◆購入台数は、8台です。（グループに1台にするため）
〈メリット〉
・安価である。（写真のものは1台5千円程度になります）
・持ち運びがしやすい。（ケースに入れて保管しました）
・動画撮影の様に、撮影ボタンを押したら停止ボタンを押すまで何もしないでよいということではなく、撮りたい瞬間にシャッターを押すことになるのでどんな場面を撮れば、その撮影した画像を基に話し合うができるのかということを考えるようになる。
〈デメリット〉
・タブレット端末と比べ液晶が小さいため、チームの全員で撮影した画像を確認

5 まずはこれ！ ICT機器の購入とその順番

することができない。

モバイルプロジェクタについて
◆購入したものは、500ルーメンほどの光量を持つものでした。
※接続するための端子にUSBとHDMI端子があるものになります。このプロジェクタは、全体に提示するためのものとして購入しました。
◆子どもたちが使用するプロジェクタは、70ルーメンほどの光量を持つものでマイクロSDカードを直接差し込めるものを購入しました。
◆購入台数は、全体提示用は1台購入しました。
　子どもたちが使用するものは4台です。（ペアグループに1台にするため）
〈メリット〉
・画像をタブレット端末よりも大きく提示できる。
・ホワイトボードに提示をするため、書き込みながら話し合いができる。
〈デメリット〉
・タブレット端末のように撮影したものをすぐにその場で確認することができない。

2．実際の活用例

(1) マット運動での活用例

　マット運動におけるデジタルカメラとプロジェクタの利活用の例です。
　まず、倒立前転をしようとする子どもの動きを、仲間が撮影をします（下の左写真）。次に、この撮影画像を次時の授業の最初に紙に印刷をして、全体に提示したり、プロジェクタで投影して提示したりしました（下の右写真）。そして、「どこで」、「どこを」撮ったらよいかを考える機会を設定しました。いずれも、教師が与えてしまうのではなく、子どもたちに気づかせたいと考えました。
　「どこで」は、場所です。撮る視座となります。「どこを」は、撮る内容です。

第 4 章　体育における ICT 利活用の Q&A

撮る視点となります。いずれも、教師が子どもたちに撮る視座と視点を与えてしまうのではなく、子どもたち自身が運動をみるという学びの機会を保障することが大切です。教師は子どもとの対話で、撮る視座と視点に気づかせたいものです。

　教師「(子どもが撮影した画像を紙に印刷したものを提示して)この写真を見て、どんないいところがありますか」
　リュウト「背中を伸ばせているところがよくわかります」
　教師「そうだね。でも背中って伸ばすだけだったかな？」
　タカヒト「背中を反らすことが大切で、そのために目線はマットを見ることが大切でした」
　教師「そうだよね。タカヒトさんの様子を撮るには、どこから撮ればもっといい画像を撮影できるのだろうか」
　ケンサク「(演技者)の横から、少し離れて体全体が撮れるくらい離れた位置で撮影すればいいと思います」

　子どもたちは、撮影する視座と視点に気づくことができると、課題をより明確にして学びを深めていくことができると考えます。

(2) 球技での活用例

　ゲームではたくさんの情報にあふれています。なかなか撮る視座と視点が定まりにくいものです。そこで、子どもたちがデジタルカメラで撮影した画像のうち、子どもたちの課題につながる特徴的な動きを教師が選び、印刷して、次時の始めに各チームに渡すようにしました。

　その特徴的な動きは、右の写真のように、3枚の連続画像を印刷したものを「紙芝居風」に提示をしました。運動場では太陽光が強く、電源を取りにくいため、印刷物としました。「紙芝居風」の3枚の連続画像は、「いつ、誰が、どこに」動いたらよいのかを考えるための貴重な情報となりました。1枚の画像からは、その瞬間の状態を捉えることができても、その前後の動きまでは予測するしかないので、連続画像の「紙芝居風」の提示がおすすめです。

　また、体育館での学習では、デジタルカメラと

プロジェクタを活用しました。ホワイトボードや模造紙をスクリーンにすれば、動きや空いた空間、移動する場所などを書き込むこともできます。

記録された画像や動画は、繰り返し確認することができるため、ゲーム中での具体的な場面をチームで共有化して、話し合いを深めることが期待できます。

3．ICT機器のそろえ方

言葉や図絵などを使う説明は時間がかかります。特に、運動は一瞬にして消え、再現することは困難です。しかし、画像を使えば、何度も再生して確認ができ、共有化することもできます。まさに「百聞は一見にしかず」です。そのツールとして、手始めに購入したのがデジタルカメラとモバイルプロジェクタでした。

最新の多機能のICT機器からスタートするのではなく、先生方が馴染みのある使い勝手がよい比較的シンプルな機能をもつICT機器を、体育でのICT利活用の際のトップバッターにしてはいかがでしょうか。それは、ICT機器に振り回されたり、ICT機器の使い方に多大な時間を割いてしまうような事態を招いたりするようでは、体育のICT利活用の本来の姿ではないと考えるからです。

共有化するためのケーブルはICT機器の購入の際に附属品となっている場合もありますので、予算を抑えることもできます。また、台数も一気に増やすことが予算的に難しいようであれば、まずはクラス1台、次に2台、と少しずつ増やしていくことをお勧めします。その際、使い勝手がよければ、購入台数を増やす方向で予算を組みます。反対に、使い勝手がよくなければそれ以上台数を増やさない方法をとります。体育での使い勝手とは、「持ち運び可能、操作が単純」です。

以上をまとめると、ICT機器のそろえ方は、①まずは、最新のものではなく、使いやすさに重点を置く、②次に、1台購入してみる、③そして、その後の購入台数を増やすかどうかの検討をする、となります。もちろん、各ICT機器は万能ではありませんから、購入の際には、体育の学習場面とICT機器との相性をよく考えておくことも大切です。

第4章　体育における ICT 利活用の Q&A

消極的から積極的な活用へ！
「ICT機器の有効管理」から！

大熊誠二（東京学芸大学附属竹早中学校）

> **Q** ICT 機器は便利ですが、準備や片付けが大変です。また、使おうと思ったら、充電されていなかったり、ハードディスクや SD カードの容量がいっぱいになっていたりして困ることもしばしばです。このように ICT 機器の管理が大変で、ICT 機器の使用を躊躇してしまいます。どうすれば、上手に ICT 機器を管理することができるのでしょうか？

1．あるある質問をやっつけろ！

　実際に ICT 機器を活用されている先生方は多いかと思いますが、その都度、トラブルの大小はあれ、「予期せぬトラブル」に見舞われてしまったことがあるのではないでしょうか？　かく言う筆者もその一人です。また、そのトラブルのせいで、本来有効に活用できるはずの ICT 機器の使用に関して、「消極的になってしまっている」のではないでしょうか？

　そこで、本節では「実際に ICT 機器を使用している時に起こってしまうこと」や「既に起こってしまった問題」等について解決していきます。特に「ICT 機器の管理」について具体的に見つめ直していきたいと思います。積極的に ICT の活用を進めて、学習者の深い学びに寄与していく ICT の実践をしていきましょう。

2．準備、片付けなどの【時間不足問題】に迫る！

　先生方の1日は、本当に多忙を極めます。朝学活に始まり、午前中の授業、昼食指導に、昼休みのミーティング等、午後の授業に、清掃活動や帰り学活が続き、放課後には部活動指導、さらに夜には明日以降の授業準備、教材研究と続きます…。時には、生徒指導が必要な出来事も発生します。本当に隙間時間なく1日が過ぎていきますよね。そこに、さらに準備片付けが大変そうな！？ ICT なんて活用していられないと感じている方は多くいらっしゃるのが現状ではないでしょうか。

　だからこそ「発想の転換」をしていただき、活用してみましょう。

　「球技」ネット型、バレーボールの授業を、A と B の授業例で考えてみましょう。

6 消極的から積極的な活用へ！ 「ICT機器の有効管理」から！

A授業：活動の見本を示すために、バレー部に協力してもらいます。バレー部員も教師の意図が十分に理解できずに、何回か失敗したりしながら、なんとなく活動を示します。その後、全員で実際に活動に入りますが、意図した活動やゲームが展開されないので、再度集合して、もう一度見本の活動を示します。

B授業：事前に活動の様子を動画などで撮影しておき、全体や個別の画面に示すことで、すぐに活動に入ります。学習者の理解が低い場合は、もう一度集合しますが、映像の確認と状況に応じた発問で理解を深めていきます。

実際に筆者自身は両方の授業を実践しましたが、活動に要した時間は、
A授業：約15分　　B授業：約4分
という結果でした。懸念される【時間不足問題】を解決するには十分すぎる結果ではないでしょうか。

写真1　活動を提示している様子

写真2　提示後、すぐ活動に向かう様子

実際に、事前に動画を撮影する時間や、機器の物理的な準備片付けの時間は多少かかります。それでも、同じ授業を5、6コマ行う場合を考えれば時間ロスが減った分、時間の有効活用を考えると、ICTを活用した授業には、大きな時間的メリットがあると考えても良いのではないでしょうか？

準備片付けが大変そうだという思い込みだけの発想の転換をし、その時に使用する機器を準備しておけば、それほど慌てる必要はないと考えます！

写真3　設置の様子（使用機器のみを簡素に準備）

第4章　体育におけるICT利活用のQ&A

3．バッテリーや保存場所、保存容量などの【機器管理問題】に迫る！

写真（図4）を見て、何を感じるでしょうか？ コードがきちんと管理されていなかったり、大きさが揃っておらずに危険だったりするのでは？と感じるのではないでしょうか。この状況は、きちんと管理できている状態ではないと思

写真4　無造作にセットされている充電コードの様子

いますし、使用する際も、充電状況が不揃いです。これでは「使用しようと思った時に、コードが抜けて充電が切れていた！」などのハプニングに遭遇してしまうこともあるでしょう。そうなると、もうICT機器を使用したくないと考えるのは当然のことだと思います。全ての問題を解決することは難しいかもしれませんが、その機器管理の問題解決に向けての方法の一つを紹介します。

(1) 無線環境、保存容量問題の解決

最近のICT機器は無線で繋ぐことができるので、学習者の活動を有線で縛ることなく、学習場面におけるコミュニケーション活動の構築に寄り添うことができます。自分たちで撮影した映像をチームの仲間で見合ったり、皆で話し合ったことや考えた作戦等を共有、保存

写真5　体育館内のみで無線環境子

したりすることができることも大きな利点です。無線とはいっても、活用方法によっては外のインターネットと繋げる必要はないので、パソコンと無線ルーターを繋ぐだけで、外の世界とは遮断された無線環境ができます。そのため、個人情報の管理などセキュリティ面でも安心できます。

(2) 機器管理、充電問題の解決

機器管理に関しては、管理場所、管理方法などを考えなくてはいけないですし、

6 　消極的から積極的な活用へ！ 「ICT機器の有効管理」から！

「使用したい時にすぐに使用できる」ことが条件になってきます。一括して管理することがのぞましいと思います（写真6）。筆者は、活動場所の近くにこのセットを設置して、すぐに使用できる状況を構築しています。また、細かいことですが、機器等を持ち運びできるようなカゴやバッグなども置いておくと、手間なく授業に入れます。

写真6　一括管理と充電ができる保管ボックス

　写真6のような充電もできる保管ボックスはとても便利ですが、高価なので、その際には、USBプラグ口が多数あり、充電を一括でできるような低価格で購入できるアダプターなどを用いることも有効だと考えます（写真7）。実際に筆者も使用していますが、

写真7　複数のUSBケーブルで一斉に充電

体育館の器具庫などに準備しておくと、すぐに使用することができますので、充電が無くて使用できなかったということは無くなるでしょう。

4．成果と今後の課題

　今後、ICT機器の配備が進み、「ハード面」では、多くの学校にICT機器が設置、整備されていくことは、間違いありません。学校の状況に応じた適切な管理体制を構築し、学習者のより良い学びのために、積極的にICT機器を有効活用していきましょう！　消極的から積極的な活用へ！ 「ICT機器の有効管理」から！

第 4 章　体育における ICT 利活用の Q&A

7　壊れやすい原因から考える快適ICT利活用

杉本好永（春日井市立藤山台中学校）

Q ICT 機器って高額ですよね。体育は活動することが多いので、落としたり踏んだりして故障してしまうのが心配で、怖くて使えません。壊さないように利活用するにはどうしたらよいですか？

1．はじめに

　やっとの思いで購入した高額な ICT 機器。しかし、いざ使ってみると、「ちょっとしたことで壊れてしまい、使えなくなってしまった」、「簡単には修理や買い替えが難しいから、怖くて使えず職員室の棚にずっと眠っている」といったことがあります。特に、体育の授業では、座ったままの教室での授業とは異なり、体育館や運動場での授業となります。それに加えて、子どもたちが体を動かします。そのため、ご質問は ICT 利活用の際の悩みの種だと思います。

　ICT 機器を壊さないようにするには、ICT 機器の保護がポイントです。ICT 機器の保護とは、壊れやすい原因を除去することになります。ICT 機器の壊れやすい原因から、快適に ICT 利活用するアイデアをご紹介します。

2．ICT 機器が壊れやすい原因と対策

(1) 熱・光

　ICT 機器にも「熱中症対策」が必要です。ICT 機器は高温に弱いからです。特に、運動場での体育では、炎天下での ICT 機器の使用となり、壊れやすくなります。それは、半導体・電子部品は、熱によって故障率を大きく加速させ、寿命を縮めるからです。もしも、ICT 機器が高温になっていたら、人間同様にクーラーや扇風機を使用して冷やすことが大切です。

　運動場で体育を実施する場合は、日陰の場所を確認しておきます。1 時間目と 5 時間目は当然、太陽の位置によって日陰の位置も変わります。日陰の有効活用は、子どもたちの「熱中症対策」とともに ICT の「熱中症対策」にもなります。また、タブレット端末等の液晶画面は、日光が当たることによって大変見えにくくなります。ここでも日陰での視聴は有効です。また、情報量の関連からも、撮

影した画像を紙に印刷し、子どもたちに紙芝居形式で見せたり、一人ひとりに配付したりして活用する方法も効果的なICT利活用の一例です。

(2) 土・砂・ほこり

　土・砂・ほこりは、水分同様に極小の隙間からも内部に侵入してしまいます。また、接触面を滑りやすくして、落下のリスクも増えます。また、ICT機器に土砂とほこりが付着したままにしておきますと、操作する時に手で土砂やほこりを動かす度に、傷つけることになります。

　したがって、ICT機器の保護のためには、土砂とほこりの付着や進入を防ぐと同時に、付着した土砂とほこりを取り除くことが大切です。そのアイデアとして、「使用後の20秒メンテ」がお勧めです。例えば、「授業後にタブレット端末を20秒空拭きする」というものです。授業者が全てのICT機器の土・砂・ほこりを一手に引き受けて実施する方法もありますが、子どもたちが、自分たちが使用したICT機器は自分たちできれいにするということは、学習用品を大切に取り扱う態度形成にもなります。

　なお、土・砂・ほこりはプラグの差込口から内部に侵入したり、液晶画面の保護シートのめくれから侵入して保護カバーがはがれたりしてしまうことがあります。不使用のプラグや保護カバーのめくれそうな部分には、マスキングテープを貼る方法があります（右上の写真）。もしも、マスキングテープが汚れてしまっても、簡単にはがして、貼り換えることができます。

(3) 水分と湿気

　水分は、ICT機器にとって大敵です。極小な隙間からも内部に侵入してしまいます。一旦、内部に侵入すると、正常に起動できなかったり誤作動が起きたりします。また、付着した水分がさびの原因にもなります。また、ICT機器は電気で動くので、ショートや感電するなどの危険もあります。湿気が多い時期も要注意です。体育館で結露が発生している場合にも、注意が必要です。もちろん、水拭きでICT機器を拭くことは避けます。

　体育では、汗をかいた状態でタブレット端末を手に取ることもあります。その際、タオルの上にタブレット端末を置くことにすれば、付着した汗を取り除くことができます。また、水筒や水道の近くでの活動は避けることも、水分や湿気と

第4章　体育における ICT 利活用の Q&A

いった外的な要因を遠ざけることになります。

(4) 放置

　長期間電源をいれずに放置することは、ICT 機器にとっては壊れやすい原因です。意外に思われるかもしれませんが、特に最近の ICT 機器は適宜データの更新が必要なものが多く、定期的に通電したほうが好ましいのです。ICT 機器は定期的な可動によって、より安定して維持しやすくなります。

　放置することは、ほこりの侵入を生じやすくしたり、端末類の接触が悪くなったりします。また、内臓電池やバッテリーが消耗してしまうために、不活性になることもありますから、やはり定期的な使用が大切です。

　下の写真は、左が使用中、真ん中が使用後です。

　使用していない場合は、壊れやすい原因の「(1) 熱・光」、「(2) 土・砂・ほこり」、「(3) 水分と湿気」の防止から、カバーをかけておくことがお勧めです。また、一番右の写真は、タブレット端末を入れるカバーです。これは、卒業記念制作として卒業生が在校生にプレゼントしてくれたものです。大切にしています。

(5)「忙」「忘」（心を亡くす）

　「忙しい」「忘れる」という漢字は、いずれも「心」と「亡」という字から成り立っています。体育での ICT 利活用においても、「心」を「亡」くすことは、ICT 機器が壊れやすい原因となります。

　具体的には、次のようなことがあります。
・イラついて、スイッチ類の ON、OFF を何度も繰り返してしまう。
・面倒くさいから、正しい操作や手順を飛ばしてしまう。
・慌ててしまい、外部機器の付け外し際、方向や角度を良く確認せず、強引に力任せで行う。
・うっかり、操作や手順をショートカットしてしまう。

　これらは、一度くらいは問題なくても、繰り返すことで ICT 機器には大きな負

7　壊れやすい原因から考える快適ICT利活用

荷となってダメージにつながります。ICT機器の操作は、「ゆっくり・あわてず・落ち着いて、基本に忠実・確実に」が合言葉です。そうすれば、ICT機器に嫌われることなく、スムーズに動いてくれます。

　そうはいっても、個人では「忙」「忘」は払拭しづらいものです。そこで、私は、体育授業では「チームで管理すること」と「授業でのICT利活用のルールを決めること」をして、「忙」と「忘」によるICT機器の故障を防ごうとしました。

①チームで適切に管理する

　私は、5人一組のチームをつくり、チームで責任をもってICT機器を管理することをしています。その際、デジタルカメラ、モバイルプロジェクタ、SDカード、コード類など必要な物をすべてチームごとにかごに入れて配付し、授業の初めと終わりにはすべてそろっているか確かめさせています。特に、ICT機器本体にはチームの色のシールを貼り付け、自分たちのものだとパッと見て分かるようにすることで、効率的にICT利活用ができています。

　なお、デジタルカメラとモバイルプロジェクタをつなぐ細いコードの抜き差しは上下間違えて行うと、すぐに壊れます。シールを貼ったりペンで印を書いたりして、子どもたちが間違えないような工夫をするのが効果的です。

②授業でのICT利活用のルール

　タブレット端末やデジタルカメラで撮影するときには、落下防止のためにICT機器に付いているストラップを必ず腕に通した状態で扱うルールを設けました。また、使用しないときは、体育館の場合は舞台の上に置いたり、段ボールでかぶせたりして、活動中に踏んだりボールが当たったりすることがないようにしました。特に、球技のゲーム中は子どもたちが夢中になり、コート内外で人が目まぐるしく入れ替わることがあるので、ICT機器の管理がおろそかになってしまうことがありました。ですから、ICT機器の「指定席」を決めて、必ずその「指定席」にICT機器を置くことにさせました。

3．おわりに

　ICT機器は壊れやすく、利活用するのにも面倒だと思われがちです。しかし、ICT機器は子どもたちにとって、手にするだけでワクワクするような道具です。正しい扱い方で適切に使用することができれば、子どもたちにとっての学びに大きなメリットがあり、体育授業がもっと楽しくなると思います。壊れやすい原因をできるだけ遠ざけることは、私たちのICT利活用の心掛けによるところが大きいと思います。快適なICT利活用が落ち着いて丁寧に学ぶ姿勢も培ってくれます。

第 4 章　体育における ICT 利活用の Q&A

8　ICT利活用の秘訣

石塚　諭（宇都宮大学）

Q ICT機器を使わなくても十分によい体育ができています。しかし、校長先生からは先日、ICTを利活用した体育を実践するように言われました。「やります」とはいいましたが、自信がなく、ICTを体育で利活用することに難しさを感じています。ICTを利活用する秘訣はありますか？

1．はじめに

　校長先生は、なぜ「ICTを利活用した体育を実践するように」と言ったのでしょう？　体育の授業を参観し、授業改善のポイントとしてICTの利活用を考えたのかもしれません。または、研究の一環として試行的にICTを取り入れたいのかもしれません。もう少し聞いてみないと校長先生の真意はわかりませんが、少なくとも授業者である質問者の方は、ICTを使うということに必要感をもっていないように感じます。その理由の一つに、冒頭にあるような「十分によい体育ができている」と感じていることが挙げられそうです。私たち実践者は、もっとよい授業をするにはどうすればよいか、という視点を常に持ち続けていると思いますが、そのための手立てとしてICTが位置付いていないのでしょう。

　本来であれば、現場で生じる問題を解決するために、現場の担当者同士が考えながら問題を解決し、よりよい成果を生み出していくという企業のカイゼン活動のようなコンセプトを経て、ICT機器が授業に位置付くような必要感型の活用がベストだと思います。しかしながら、現状では質問者の方のようなトップダウンで降りてくる義務感型の活用もまだまだ多いように感じます。

　そこで、本節では、私が現場で実践してきた考えをもとに、よりよい授業改善のためのICT利活用という位置付けと意義について考えます。

2．義務感型の活用から必要感型の活用へ

　鈴木ら（2017）は、ICT利活用のプロジェクト研究の成果として「体育授業におけるICT利活用の3つの心得」（表1）を示しています。その中で最初に挙げているのが「必要感」です。総務省（2018）によると、2017年のモバイル

8 ICT利活用の秘訣

表1 体育授業におけるICT利活用の3つの心得（鈴木ら、2017）

その1	「あるから使う」という義務感ではなく、「必要だから使う」という必要感に基づいた利活用をすること。
その2	運動時間を減少せずに、運動時間を増加させるような利活用をすること。
その3	動きの改善に特化するのではなく、動きにおける気づきを促す利活用をすること。

端末の世帯普及率は、94.8％で、そのうちスマートフォンは75.1％になるそうです。2010年の同調査では、スマートフォンの普及率は9.7％でしたので、ここ数年で一気に普及が進んだことがわかります。では、なぜここまで普及したのでしょうか。

もちろん、スマートフォンを持つことは義務ではありません。スマートフォンを持つきっかけは、個人によって様々だと思います。みんなが持っているから使い始めたという人もいるでしょう。しかし、いざ持ってみると手放せなくなったという人は多いのではないでしょうか。スマートフォンには、通話機能はもちろんですが、写真や動画を撮る、見る、選択し蓄積する、誰かに送る、共有する、などの豊富な機能があります。使い手である私たちは、それらの機能に対して便利さを感じているのだと思います。つまり、手放せない理由の一つには、生活をよりよくするための必要感があるのではないでしょうか。一方で、自分にとって不要な機能は淘汰されるのです。これは、体育授業にとっても同じではないでしょうか。使い始めるきっかけは様々ですが、「授業がよりよくなる」と感じることができれば手放せなくなるのだと思います。

私が体育授業でICTを活用した際に最も必要感を感じ、重要視したのが、「撮る」機能です。しかし、ただ撮るだけではありません。単元にもよりますが、撮る際には、「どこから」「どのように」ということを学習者の意思決定に委ねることを大切にしました。学習者が何を撮る必要があるのか、ということを考えると、よい位置を探すようになります。つまり、ゲームや運動を見る視点が定まってくるのです。さらに撮ったものを蓄積することで、学習者の見方の変容を捉えることができると考えました。その際にも、何を残すかという意思決定を学習者に委ねることにします。そうすると、うまくいった場面だけではなく、あえて失敗したり課題が残ったりする場面を蓄積することもあります。その映像を蓄積（残す）するという意思決定には、学習者の気づきが反映され、学習者の学び（変化）を蓄積できるものと考えます。第6章4の「評価場面のアイデア」では、具体的な実践例を交えて詳細を示したいと思います。

第4章　体育におけるICT利活用のQ&A

3．運動時間を増加させる利活用を

　その2に挙げられた「運動時間を減少せずに、運動時間を増加させるような利活用をすること」について考えてみましょう。体育の授業研究会では、しばしば「ICTを用いることで運動量の確保ができない」という声を聞くことがあります。もう少し詳しく聞くと、準備や後片付けに時間がかかることや、撮った映像を見る時間が増えることにより、運動学習の時間が圧迫されていることを指しているようです。たしかに、映像を撮る時間や見る時間を増やせば、運動量は落ちるかもしれません。このような「ICTを使うと運動量が落ちる」という言説は、これからICTを導入しようとする教師にとって最も懸念する課題の一つといえるでしょう。
　しかし、ICTの活用には逆の効果があることをご存知でしょうか。つまり、ICT機器の用い方を工夫することで、学習効果を高めつつ、運動量を増加することができるのです。最も効果的であるのは、課題提示場面での活用だと考えます。例えば、学習者に対してこれから行う活動のやり方を示す場面があります。走・跳の運動遊びの授業で、体育館全体に様々な場が設定されています。教師はやり方を詳細に説明しなければなりません。そこで、実際にやっている様子を収めた映像を視聴させます。その際の説明は、「この順番でやるからね」という一言で済むかもしれません。説明が短い分、運動学習の時間が増加するのです。ICT機器を活用しない場合は、やり方を言葉や図で示したり、実際に数名の学習者にやって見せてもらったりする方法がとられます。しかし、この方法を用いる場合は、やってもらう学習者の理解や見る場所などを十分に考えておく必要があります。そのため、計画的にやらないと無駄な時間を使ってしまうことになります。このことは、ある程度経験のある先生方であれば想像できるのではないでしょうか。
　また、授業の冒頭に設定されることの多い活動提示場面では、前時の様子を想起させることがよくあります。その際に前時の映像を提示することも効率的な展開に貢献するものと考えます。そのため、授業の冒頭に設定する活動提示場面での利活用が大きなポイントとなるでしょう。

4．気づきを促す利活用を

　最後に「その3」について考えてみたいと思います。体育ではICT機器を使って動きを撮影することがよくあります。その目的は「動きの改善」にあるように思われます。具体的には、お手本となる動きと比べてどこが課題になっているか

8　ICT利活用の秘訣

見つけることや、技のポイントがうまくできているか確認することなどです。高田・横嶋（2018）が「仲間同士の見合いや教え合いをもとに、対話的な学びの充実を図る観点から、デジタルカメラやタブレット端末による撮影は、その場で画像を示しながら動き等を指摘できるため、効果的な活用が期待できる」と述べるようにICT機器の機能を生かした活用方法といえます。

　しかし、動きの改善と同時に、特に小学校期の学習者にとっては、動きの感じや動きの感じから得られる気づきが大切な学習内容になると考えます。そのため、動きの分析にのみ特化した利活用を推進しすぎると、出来栄えや結果という外化された学びを強調する恐れがあります。これでは、ICTの利活用が、心と体を一体とした体育実践を阻害することにもなりかねないのです。

　そのようなことにならないためにも、学習者には、運動中、もしくは運動直後の実感を大切にしてほしいと考えます。そのため、特に小学校期の学習者にとっては、気づきを促すICT利活用をお勧めします。例えば、ボール運動などのゲームを撮影する際には、撮る位置を考えたり解説を加えたりすることも考えられます。また、話し合いそのものや、気づいたことを言葉で残すこともできると思います。授業者は、各グループでどんな話し合いがなされたかということを把握することはできません。しかし、収集した話し合いの記録から、各グループのプロセスが把握できるようになるのです。そのような利活用を十分に行ってきた学習者が、動きの改善のために、気づきをともなった分析ができるのではないでしょうか。より具体的な実践例は第6章4「評価場面のアイデア」で紹介します。

　ICTの利活用を「ICTは人と人とのコミュニケーションをより豊かにし、人間的なコミュニケーションを創造することに利活用の意味がある」（鈴木ら、2017）と捉え直す必要があるのです。このことがICT利活用における秘訣であり、前提であると考えます。

【引用・参考文献】
総務省（2018）情報通信白書「情報通信機器の保有状況」、総務省HP（http://www.soumu.go.jp）2018年8月閲覧.
鈴木直樹・大熊誠二・石塚諭・野口由博・伊佐野龍司・上野佳代・川村尚人（2017）体育におけるICTの利活用ガイド.
高田彬成・横嶋剛（2018）体育科における ICT を活用した教育の充実、初等教育資料8月号、東洋館出版社、pp.24-25.

第4章 体育におけるICT利活用のQ&A

9 タブレット端末の指導順序

石井幸司（江戸川区立新田小学校）

Q ICTを使わなければいけないと思い、初めて子どもたちにタブレットを持たせて体育の授業をしました。でも、タブレットの操作に時間がかかり、結局、うまく利活用できずに困ってしまいました。体育で子どもたちがタブレットを使用する上で、何をどの順番で指導すればよいですか？

1．まずは「何のためにICTを活用するのか」という目的をもとう！

　最近になってタブレットが導入されている学校が増えてきたので、体育でもタブレットを使っている授業を参観することがあります。しかし、タブレットを操作することに夢中になったり、タブレットの画面を見る時間が多くなったりしていまい、体育本来の楽しさである身体を動かす時間が確保できていないという授業に出会うことがあります。その原因の一つとして考えられるのが、「何のためにICTを利活用するのか」という目的が抜け落ちてしまうということが挙げられます。

　小学校学習指導要領解説体育編（2017）では、「思考力、判断力、表現力等」の例示として、ICT機器を活用して自己の課題を見付け、その課題を解決し、自己や仲間の考えたことを他者に伝える手立てとして記されています。このように、ICTは学習を支えるツールであり、タブレットを使いこなすことが目的でありません。ずばり言ってしまえば、無理にICTを使う必要はありません。しかし、学習者がその目的意識をもって、運動の課題を把握したり、自分の動きの感じに気づきたい「必要感」があったりする場合は、ICTはとても有効です。ICTを使う場合は、その目的をはっきりさせて活用してみましょう。

　例えば、陸上運動「短距離走・リレー」でICTを利活用しようとします。学習者が立てる課題は何でしょう。「カーブをスムーズに走ること」「減速の少ないバトンの受け渡しをすること」という課題が子どもから立ち上がったとします。その「必要感」が生まれたときが、ICTを活用するチャンスです。自分がカーブをどのように走っているか、自分がどのようなバトンパスをしているのかを、運動をしている時は見ることができません。そこで、タブレットでバトンの受け渡し

9　タブレット端末の指導順序

を撮影して、「いま」の自分の運動パフォーマンスを把握して、課題を見つけることを目的とします。そして、タブレットで撮影した動画を基に、チームで話し合い、その課題の解決方法を考えます。

右の写真では、バトンパスの受け渡しを課題とし、「バトンの受け手と渡し手が、スピードを落とさないようするために、バトンを受け取る人のスタートのタイミングが合っているか」を撮影しています。

このように、タブレットを活用して「いま」の自分の運動パフォーマンスを把握して「課題」を見付け、タブレットを介した仲間との豊かなコミュニケーション活動を通して課題の「解決の方法」を見付けることが目的の一つといってよいでしょう。

2．次に「ICT を特別な道具にしない」ように使用頻度を増やそう！

しかし、目的がはっきりしても、学習者がタブレットの操作に慣れていなく、操作そのものに時間がかかってしまうことがありますね。そこで、大切なことが「タブレットを特別扱いしない」ことです。

教室に子ども用のタブレットがある学校では、どのようにタブレットを管理していますか？　もしかしたら、鍵のかかる専用の箱に入れて、授業で使うとき以外は中にしまっていることが多いのではないでしょうか。タブレットをもっと子どもにとって身近なツールにしてみませんか？　現代の子どもは家にスマホやタブレットがあることが当たり前です。家に ICT 機器があっても特別ではありません。しかし、学校という場所にタブレットがあると途端に「特別」になってしまうのではないかと思います。それは、教室に特別な鍵のついた箱があり、そこに厳重に保管されているモノというイメージからかもしれません。

みなさんのクラスにも学級文庫があると思います。その横にタブレット置き場を右の写真のように作ってみませんか？　学習者が本を手に取ることと同じ感覚で、タブレットも休み時間に自由に触っていいようにしてみませんか？

子どもも初めは物珍しさに、休み時間になればタブレットを手に取って、アプリを開いたり、撮影を始めたりします（メディアリテ

95

ラシー等の観点は事前指導が必要です)。その遊びながら自由にタブレットを使っていいことが、子どものタブレットに対するハードルを低くしてくれます。子どもはすぐにタブレットの操作に慣れます。大人の何倍も順応性があります。そして、初めは物珍しかったタブレットも、1週間もしないうちにブームは終わり、学級文庫の隣にあるのが当たり前の光景になります。それからが、ICT を利活用するスタート地点です。

また、他の教科でもタブレットを使うこともお勧めとします。むしろ、体育だけ特別にタブレットを活用することの方が間違いだと思います(毎時間必ず使いなさいという意味ではありません。目的をはっきりとさせて使ってください)。例えば、理科の学習でメダカの卵の成長を観察する際に、卵が動いてしまうので、上手に観察できないことがあります。そこで、右の写真のように、顕微鏡の対眼レンズからタブレットで撮影したものを観察カードに描くことで、記録がしやすくなります。また、グループのみんなもタブレットを見ながら一斉に観察ができます。

このように他の教科での活用により、使用頻度を高めることで、ICT は「特別」なものでなく、いつでも、どこでも、だれでも使える「身近な」ツールとして子どもに実感させることが大切かもしれません。

3.最後に子どもが撮る「視点」について考えることを大切にする

タブレットが学習者にとって身近なモノになり、体育で使う目的もはっきりとしてきたところで、一番重要になることが、子どもが撮る「視点」を考えることです。タブレットを活用して、子どもが課題を把握したり、動きの感じに気づいたりして、その課題の解決方法を見付けたりしてほしいと思っていても、子どもが「どこを、どう撮ればいいか分からない」のでは、ICT を利活用することができません。そこで、動画を撮影する視点として「いつ」「どこで」「何を」を子どもが考えることが大切です。

例えば、ネット型の学習課題が「自陣のコートにボールを落とさずに、相手コートにボールを落とせるかどうか」だとします。その場合は特に「どこで」の視点が重要になります。自陣にボールを落とされないようにしようとするチームは「自陣のコート全体が見える場所」から、チームのポジション等を撮影します。その

9　タブレット端末の指導順序

情報から、課題を解決するために役割分担などの作戦をチームで考えることができます。あるいは、相手コートにボールを落とそうとするチームは「コート全体が見える場所」から撮影して、チームの連携により相手のいない所にボールを落とせているかを把握します。

　例えば、水泳運動における子どもの学習課題が、「息継ぎをして、ゆったりとした泳ぎ(クロールや平泳ぎ)で長く泳げるかどうか」だとします。その場合「何を」の視点が重要になります。長く泳ぐために、上手く息継ぎをしたいと考えている友達に対して、タブレットを持っている子は泳いでいる友達と並行して撮影します。その情報から、「手をかく動きに合わせて、頭を横にあげているか」という気付きを促すことが大切です。

　右の2枚の写真は、子どもがタブレットで撮ったものです。ネット型では体育館の2階ギャラリーから俯瞰で撮影をし、水泳運動でに息継ぎをする側から意図的に撮影しています。このように、年度初めの体育の学習で、子どもが撮る「視点」を考えることは、子どもが課題に応じて工夫し始める契機となります。また、教師が子どもに「どこで撮ったら息継ぎのタイミングが分かりやすいかな？」と問いを投げかければ、子どもが「視点」に気づくこともできます。

---

①子どもの「必要感」を大切にし、使う目的をはっきりとさせる。
②ICTを「いつでも」「どこでも」「だれでも」使える身近なツールにする。
③ICTを使う際の「いつ」「どこで」「なにを」の視点を子どもが考える。

　これらの3点を無理なく、順序よく、丁寧に指導していくことで、教師が思っている以上に体育でのICT利活用が展開できます。

　ICTはあくまで道具であり、ICTを使いこなすことに躍起になってしまっていては、いつの間にか、人間が道具に使われているということが起こってしまいます。これからのICTの更なる利活用が、学習者の豊かなコミュニケーションと身体を育みます。

第 4 章　体育における ICT 利活用の Q&A

10　ICT利活用と個人情報の保護

大塚　圭（鴻巣市立赤見台第一小学校）

> **Q** ICT を使っていたとき、ふと子どもたちの顔や名前などの個人情報のことが気になりました。個人情報を保護しながら ICT 利活用するには、どんな配慮をすればよいですか？

1．はじめに

　これからの高度情報化社会を担う子どもたちにとって、学校教育における ICT の利活用は不可欠であり、教職員にも ICT の有効活用が求められます。安心して学校において ICT を利活用できるようにするためには、情報セキュリティ対策が必要となります。

　情報セキュリティとは、「大切な情報を、さまざまな脅威から守り、安全な状態を保つこと」です。情報セキュリティ対策とは、「私たちがインターネットやコンピュータを安心して使い続けられるように、大切な情報が外部に漏れたり、コンピュータウイルスに感染してデータが壊されたり、普段使っているサービスが急に使えなくなったりすることを防ぐために、必要な対策」を指します。

　情報セキュリティ対策は、安心して学校において ICT を利活用できるために不可欠な条件です。ところが、学校現場では、毎年約 200 件の個人情報漏洩事件が発生しています。一度、インターネット上に情報が漏洩してしまうと、それを完全に削除することは極めて困難になってしまいます。

　こうした中、新学習指導要領においては、子どもの情報活用能力の育成が重要だと位置付けられています。また、文部科学省では、「教育情報セキュリティポリシーに関するガイドライン」や「ハンドブック」が公表されており、インターネットから検索して見ることもできます。本節では、主にこのガイドラインやハンドブックを参考にして、分かりやすくまとめていこうと思います。

2．情報セキュリティの基本

　情報セキュリティ対策とは、「何を」、「何から」、「どのように」守るかを明らかにすることです（図1）。以下では、(1)「何を」守るのか、(2) 情報資産を「何

10 ICT利活用と個人情報の保護

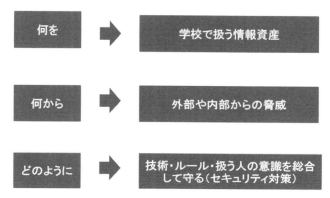

図1　情報セキュリティ対策の基本

から」守るのか、(3)「どのように」して守るのか、についてまとめていきます。

(1) 何を守るのか

　情報セキュリティで想定する守る対象は「情報資産」です。学校が保有している情報全般を指して「情報資産」と称しています。

　また、この、学校の名簿や成績などの情報自体に加えて、それらを記載したファイルや電子メールなどのデータ、データが保存させているパソコンやサーバ、CD-ROM、USBメモリなどの記録媒体も情報資産に含まれます（図2）。

図2　情報資産の例

(2) 情報資産を「何から」守るのか

　次に、情報資産を「何から」守るのか、という点です。

　これは、「外部や内部からの脅威」です。具体的には、「機密情報の漏えい」、「不正アクセス」、「データの改ざん」、「情報の滅失」などが脅威として挙げられます。

　情報資産が情報セキュリティ脅威にさらされる原因は、さまざまなものがありますが、次の5つの観点に分けることができます。

99

第4章　体育における ICT 利活用の Q&A

①教職員の不正行為による情報資産の窃取・改ざん等
②児童生徒のいたずら等による情報の窃取・改ざん等
③教職員の過失による情報資産の漏えい・紛失等
④悪意のある外部者の侵入による情報窃取の窃取・改ざん等
⑤自然災害等による情報資産の滅失等

学校における情報セキュリティの脅威は「内部脅威」と「外部脅威」に分けることができます。図3は、先ほどの5つの観点をふまえて整理したものです。

図3　学校における情報セキュリティリスク

(3) どのようにして守るのか

体育の授業で個人情報を守りながら ICT を利活用するには、学習系ネットワークと校務系ネットワークの通信経路を分離して扱う方法があります（図4）。

学習系ネットワークと校務系のネットワークとを分離して活用することは、外部からの侵入（ウイルスなど）により個人情報が漏えいする可能性を極めて低くすることができます。また、子どもたちによる安易ないたずらによる漏えいも防ぐことができるでしょう。

しかし、情報セキュリティの基本は組織体制を確立することから始まります。情報セキュリティ事故の原因の多くは、情報資産を扱う教職員の過失によるものであることから、組織的に情報セキュリティ意識を醸成することが求められます。現場の教職員に対し、毎年度、最低1回は研修を実施することを推奨します。ま

10 ICT利活用と個人情報の保護

図4　学習系ネットワークと校務系ネットワークの通信経路の分離

た、もし万が一情報の漏えいや情報機器（タブレット端末等）を盗まれてしまった場合にすぐに解読されないように保管する情報を暗号化しておくなど、安全措置を講じることも大切です。

3．おわりに

個人情報について、「何を」、「何から」、「どのように」守るかについて整理してきましたが、私は、体育のICT利活用における個人情報の保護は次の3点が大事だと考えます。

---
①学習系ネットワークと校務系ネットワークを分け、学習系ネットワークでインターネットへ自由に接続できるようにはしないこと
②タブレット端末等の情報を学校がしっかりと管理すること
③学校外に持ち出さないこと

【引用・参考文献】
文部科学省（2017）「教育情報セキュリティポリシーに関するガイドライン」ハンドブック．

第5章

体育における
ICT利活用の理論

第5章　体育における ICT 利活用の理論

ICT利活用にかかわる教育施策

鈴木一成（愛知教育大学）

1．はじめに

　2020年度から順次全面実施する平成29年告示の学習指導要領（以下、新学習指導要領とします）では、「情報活用能力」が言語能力と問題発見・解決能力等に並び、教科等を越えた全ての「学習の基盤となる資質・能力」として位置付けられました。そして、「各学校において、コンピュータや情報通信ネットワークなどの情報手段を活用するために必要な環境を整え、これらを適切に活用した学習活動の充実を図ること」が明記されました。このことは、①「情報活用能力」の育成、②「学習環境の整備」及び③「学習指導の充実」の3つに要約できます。これら3つは、ICT 利活用の重要なキーワードであり、ICT 利活用における教育政策を整理する上での視点となると考えます。

　そこで、ICT 利活用にかかわる教育政策について、ICT 化が進む社会への対応力としての①「情報活用能力」の育成、② ICT 利活用の「学習環境の整備」及び③ ICT 利活用による「学習指導の充実」の三点から整理します。

2．「情報活用能力」の育成

(1)「情報活用能力」の源流

　子どもたちの「情報活用能力」を育成することは、臨時教育審議会（1984～1987年）及び教育課程審議会（1985～1987年）に端を発します。

　臨時教育審議会（1986）の第二次答申では、「情報及び情報手段を主体的に選択し活用していくための個人の基礎的な資質（情報活用能力）」を、読み、書き、算盤に並ぶ基礎・基本と位置付けました。これは新学習指導要領の考え方に通じます。また、教育課程審議会（1987）の答申では、「社会の情報化に主体的に対応できる基礎的な資質を養う観点から、情報の理解、選択、処理、創造などに必要な能力及びコンピュータ等の情報手段を活用する能力と態度の育成が図られるよう配慮する」ことを示しました。

　これらの答申を受けた文部省（1989）平成元年告示の学習指導要領の中学校技術・家庭科では、選択領域の「情報基礎」を新設し、中学校・高等学校段階の

関連する各教科で情報に関する内容を取り入れるとともに、各教科の指導において教育機器を活用することとしました。さらに、文部省（1990）は「情報教育に関する手引」を刊行して、情報教育の在り方、学習指導要領で示された情報教育の内容、情報手段の活用、コンピュータ等の条件整備の在り方、特殊教育における情報教育、教員研修の在り方などについて解説し、2002年の全面見直しまでの12年間に渡り、広く読まれることになりました。

(2)「情報活用能力」の3観点8要素

文部科学省（2015）の「21世紀を生き抜く児童生徒の情報活用能力育成のために」では「情報活用能力の3観点8要素」が示されています（図1）。この源流はどこにあるのでしょうか。

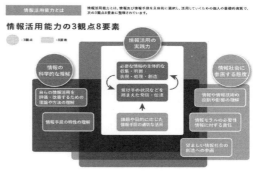

図1　情報活用能力の3観点8要素（文科省、2015）

① 「情報活用能力」の3観点の源流（平成10・11年告示の学習指導要領）

「情報活用能力」の3観点は、平成10年告示前の平成9年に示された「情報化の進展に対応した初等中等教育における情報教育の推進等に関する調査研究協力者会議」（1997）の「第1次報告」で示されたものです。その翌年の平成10年告示の小学校学習指導要領（1998a）では「各教科等の指導に当たっては、児童がコンピュータや情報通信ネットワークなどの情報手段に慣れ親しみ、適切に活用する学習活動を充実する」こと、中学校学習指導要領（1998b）では「各教科等の指導に当たっては、生徒がコンピュータや情報通信ネットワークなどの情報手段を積極的に活用できるようにするための学習活動の充実に努める」ことが示されました。さらに、平成11年告示の高等学校学習指導要領（1999）も同旨であり、情報科が新設されました。さらに、文部科学省（2002a）は「情報教育の実践と学校の情報化～新『情報教育に関する手引』～」を刊行して、情報活用能力の育成の基本的考え方、各学校段階・各教科等との関わりなどの記述を充実するなどを示しました。また、文部科学省（2002b）の「ITで築く確かな学力～その実現と定着のための視点と方策～」では、「確かな学力」の関連からの情報活用能力の育成に重点が置かれました。

第 5 章　体育における ICT 利活用の理論

② 「情報活用能力」の 8 要素の源流（平成 20・21 年告示学習指導要領）

　「情報活用能力」の 8 要素は、初等中等教育における情報化に関する検討会（2006）の「初等中等教育の情報教育に係る学習活動の具体的展開について」において「情報活用能力」の定義の文言から 8 つに分類されたものです。平成 20・21 年告示の学習指導要領（2008a・2008b・2009）は、各教科の指導計画の作成と内容の取り扱いにおいてもコンピュータなどを活用することを示し、教科指導における ICT 活用について様々な充実が図られました。そして、文部科学省（2010）の「教育の情報化に関する手引」では、情報教育の目標と系統性の意義、発達の段階に応じて各学校段階で身に付けさせる情報活用能力、情報活用能力を身に付けさせる各教科等の学習活動について解説されています。

(3) 学習の基盤となる資質・能力（平成 29 年告示の学習指導要領）

　中央教育審議会（2016）の「幼稚園、小学校、中学校、高等学校及び特別支援学校の学習指導要領等の改善及び必要な方策等について（答申）」では、情報活用能力についても、各教科等において育むことを目指す資質・能力と同様に、「知識及び技能」、「思考力、判断力、表現力等」及び「学びに向かう力・人間性等」の「三つの柱」によって捉えていくことが提言されました。

　これ受けて小・中学校学習指導要領（2017a・2017b）では、情報活用能力は、言語能力や問題発見・解決能力と同様に、学習の基盤となる資質・能力と位置付けられました。また、教科等横断的な視点から教育課程の編成を図り、各学校のカリキュラム・マネジメントの実現を通じて育成することになりました。例えば、小学校学習指導要領解説体育編（2017c）では「情報手段を積極的な活用」として、「各領域の内容を指導する際、コンピュータや情報通信ネットワークなどの情報手段を積極的に活用すること」を内容の取扱いにおける配慮事項としました。また、「簡易化されたネット型のゲームにおいて、自己や仲間が行っていた動き方の工夫を、動作や言葉、絵図、ICT 機器を用いて記録した動画などを使って、他者に伝えること」が示されています。これらは体育における情報活用能力に関わる事項と考えます。

3．学習環境の整備（ICT 利活用の環境整備）

　ICT 利活用の学習環境の整備に関わる教育政策は、(1) どのような歴史的な変遷を経て、(2) 現在はどこに位置して、これからはどうなるのでしょうか。

1　ICT利活用にかかわる教育施策

(1) 教育政策の歴史的な変遷

　林（2012）は教育の情報化の歴史的変遷について3水準に整理しています（表1）。

表1　教育の情報化3水準（林，2012）

情報化水準	整備内容	
第一水準 1.0〜	情報機器の設備化	学校で情報処理教育が行なえるようにする整備であり、コンピュータ教室等の施設整備が代表である。
第二水準 2.0〜	情報機器の備品化	学校施設としてでなく、教授学習等の道具として使う備品の整備であり、普通教室等での活用が目指される。
第三水準 3.0〜	情報環境のクラウド化	情報通信機器の導入が個人利用に対して十分な域に達し、ネットワーク上で知識と情報がやり取りできる環境であり、学校内外の場を結んだ学習活動の展開も可能となる。

①第一水準（情報機器の設備化）

　第一水準は、「1984年以前に高等学校の専門教育として情報処理教育が推し進められていた時期の施設整備や研究開発された教育システムの導入等に象徴され」、「この水準は、視聴覚機器や情報機器のシステム等を学校設備として整備する情報化といえる」という「情報機器の設備化」です。

②第二水準（情報機器の備品化）

　第二水準は、「1985年以降から徐々に見られた備品整備にもとづく情報化」であり、「パーソナルコンピュータの性能的な魅力と価格的にも入手しやすくなったことが手伝い、道具としての存在を強め始めた時期」としています。さらに「この水準が教授学習活動や校務への活用を想定して情報機器の教材化や備品化が目指され、現在も進行中である」という「情報機器の備品化」です。

③第三水準（情報環境のクラウド化）

　第三水準は、「情報機器1人1台相当の環境とインターネット環境の導入によってもたらされる情報化のこと」であり、「先の2つとは異なり、情報機器整備からネットワーク環境整備へと重心が移動したもの」です。「この水準では、情報環境のクラウド化が目指され、知識・情報はクラウドを介してアクセスし、自在にやり取りできること」や「タブレット型端末に代表されるモバイルデバイスの登場と普及によって、こうした環境への敷居が急激に下がっていることも背景にある」という「情報環境のクラウド化」です。

　次に、この3水準に照らして、現在位置とこれからの方向性を整理します。

第 5 章　体育における ICT 利活用の理論

(2) 現在位置とこれからの方向性

　臨時教育審議会（1985）の第一次答申にて、教育の情報化を提言したのは「第二水準」の開始の年です。それ以降の政策は、文部科学省（2017d）の「学校におけるICT環境整備に関する資料」および，総務省と首相官邸の政策会議等の関連資料[注1]を参考にすると、教育の情報化は、コンピュータ整備計画（第1次 1985-1989年、第2次 1994-1999年、第3次 2000-2005年）にとどまらず、インターネット接続計画（1998-2003）の真っただ中の2000年には、IT基本法（高度情報通信ネットワーク社会形成基本法）が制定され、e-japan戦略（2001年）、u-japan政策（2005）、i-japan2015戦略（2009年）、新たな情報通信技術戦略（2010）、日本再興戦略（2013-2016）、未来投資戦略（2017-2018）、「世界最先端IT国家創造宣言（2013、変更2014-2016）」、「世界最先端IT国家創造宣言・官民データ活用推進基本計画」（2017、変更2018）等の国家戦略に応じて、推進されてきたといえます。

　こうした大きな流れの中での現在位置はどこになるのでしょうか。現在の教育におけるICT利活用に資する学習環境の整備は、第2期教育振興基本計画（2013）に基づき策定された「教育のIT化に向けた環境整備4か年計画」（2014a）が終わり、第3期教育振興基本計画（2018a）を踏まえた平成29年度告示の学習指導要領実施に向けての学校のICT環境整備の推進として、「教育のICT化に向けた環境整備5か年計画（2018b）」が策定された中に位置にしています。2022年度までに、具体的には、学習者用コンピュータや大型提示装置、超高速インターネット、無線LANの整備など、各地方公共団体による計画的な学校のICT環境整備の加速化を図る」ことが明記されています。その際、「学習者用コンピュータを3クラスに1クラス分程度整備」「普通教室における無線LANの100％整備」「超高速インターネットの100％整備」「教師のICT活用指導力の改善」が、政府全体の方針として設定されています（図2）。

　しかしながら、文部科学省（2017e）の平成29年度学校における教育の情報化の実態等に関

図2　学校におけるICT環境整備について（文科省、2018）

1　ICT利活用にかかわる教育施策

する調査結果によれば、学校のICT環境の整備状況については、大多数の学校において目標とする水準を達成しておらず、かつ、地方公共団体間で大きな格差があるなどの課題があります。

　先の「教育の情報化の3水準」に照らしてみれば、学習環境の整備の現状は、「第二水準」と「第三水準」の混在期にあるものの、文部科学省（2018c）の「次期学習指導要領を見据えたICT環境整備を進めましょう！新たな学びの実現に向けて」といった平成29年告示の学習指導要領第に向けてのICT環境整備に関わる教育政策は、「第二水準」を脱する勢いで加速化させようとしています。すでに、総務省（2014）のフューチャースクール推進事業（2010-2013）の報告書である「教育分野におけるICT利活用推進のための情報通信技術面に関するガイドライン（手引書）」や、文部科学省（2016）スマートスクール（一人一台PC環境）の実証研究や統合型校務支援システムの普及推進等の政策である『教育の情報化加速化プラン〜ICTを活用した「次世代の学校・地域」の創生』は、「第三水準」でのICT利活用にかかわる教育政策の一例といえます。

　さらに、文部科学省（2018d）の「ICT支援員の育成・確保のための調査研究事業」では、教員のICT活用をサポートするICT支援員のスキル標準及び育成モデルプログラムを開発するための調査研究が行われ、一般社団法人日本教育情報化振興会（2018）が成果報告書としてまとめています。この取り組みは、これまでの物理的な環境整備に加え、人的な環境整備が進められているといえます。

4．学習指導の充実

(1) ICT利活用と教科指導（ICT利活用による学びの場面の選定化・明確化）

　文部省（1990）の「情報教育に関する手引き」と文部科学省（2002）の「新・情報教育に関する手引き」に続く、文部科学省（2010）の「教育の情報化に関する手引き」には、教科指導におけるICT活用の具体的な方法や場面が示されています。さらに、文部科学省（2011）の「教育の情報化ビジョン」と、文部科学省（2014b）の「学びのイノベーション事業実証研究報告書」では、ICTを活用した効果的な学びの場面として、①一斉学習での児童生徒の興味・関心を高める学び、②個別学習での児童生徒一人一人の能力や特性に応じた学び、③児童生徒同士が教え合い学び合う学び（協働学習）、④特別支援教育における障害の状態や特性等に応じた学習活動等が挙げられています。

　また、ICTを活用した教育の推進に関する懇談会（2014）では、ICTの特長を「①時間や空間を問わずに、音声・画像・データ等を蓄積・送受信できるという、時

第 5 章　体育における ICT 利活用の理論

間的・空間的制約を超えること」「②距離に関わりなく相互に情報の発信・受信のやりとりができるという、双方向性を有すること」「③多様で大量の情報を収集・編集・共有・分析・表示することなどができ、カスタマイズが容易であること」としています。さらに、これら 3 つの「ICT の特長を生かすことにより、これまで実現が難しかった学習場面が容易になるケースが生まれ、一斉学習、個別学習及び協働学習を効果的に行うことができるようになる」として、ICT の活用により容易となる学習場面として「①思考の可視化、②瞬時の共有化、③試行の繰り返し」を示しています。

　こうした ICT の強みや特長を生かす具体的な学びの場面について、選定化と明確化を進めています。例えば、文部科学省（2015）は「21 世紀を生き抜く児童生徒の情報活用能力育成のために」を刊行して 10 の学習活動例を示しています。教育課程部会（2016）は、ICT の効果的な活用例を「主体的な学び・対話的な学び・深い学び」との関連で整理しています。さらに、ICT を効果的に活用した指導方法の開発のための実践的な研究として、文部科学省委託事業等[注2]や次世代の教育情報化推進事業「情報教育の推進等に関する調査研究」[注3]があります。

(2) ICT 利活用と問われる「児童・生徒の ICT 利活用を指導する能力

　このような ICT 利活用にかかわる教育政策の成果として、教員の ICT 活用指導力の向上に期していることがあると考えます（図 3）。

　しかしながら、「児童・生徒の ICT 活用を指導する能力」は他の項目に比べて低い値となっています。

　その児童・生徒の

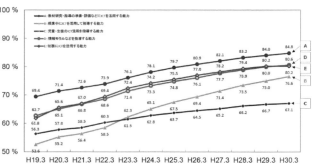

図 3　教員の ICT 活用指導力の推移（文部科学省、2017e）

中には、学習上の支援が必要な場合があります。現在は、文部科学省（2014 年度―2017 年度）の「学習上の支援機器等教材活用促進事業」において、各学校において障がいのある子どもたちに適切な指導を行うための取り組みが継続されています。また、文部科学省（2018e）の「情報モラル実践事例集」にもまとめられていますが、情報モラル教育の充実も含め、教員の ICT を活用した指導力の

1　ICT利活用にかかわる教育施策

向上には、教員研修段階だけではなく、その前段階となる「教員養成・採用」にも必要であることは、「教育の情報化加速化プラン」（2016）にも示されています。

　教育の情報化を取り巻く社会環境は「第4次産業革命」や「Society5.0（超スマート社会）」といった新たな次元へ移行すると予見します。その対応として、すでに動き出している経済産業省（2018）の『「未来の教室」と Edtech 研究会』等の動向からも、ますます、「児童・生徒の ICT 利活用を指導する能力」の育成が求められていくことになると考えます。

【注および引用参考文献】
注1）総務省と首相官邸の関連資料には次のものがあります。
・総務省（2005）u-japan 政策 https://www.kantei.go.jp/jp/singi/it2/dai31/31siryou3.pdf（2018/08/30 取得）．
・総務省（2009）i-japan 戦略 2015、https://www.kantei.go.jp/jp/singi/it2/kettei/090706honbun.pdf（2018/08/30 取得）．
・総務省（2010）新たな情報通信技術戦略、https://www.kantei.go.jp/jp/singi/it2/100511honbun.pdf（2018/08/30 取得）
・首相官邸（2008）IT 新改革戦略―いつでも、どこでも、誰でも IT の恩恵を実感できる社会の実現―、https://www.kantei.go.jp/jp/singi/it2/kettei/060119honbun.pdf（2018/08/30 取得）．
・首相官邸（2013）日本再興戦略―JAPAN is BACK―、https://www.kantei.go.jp/jp/singi/keizaisaisei/pdf/saikou_jpn.pdf（2018/08/30 取得）．
・首相官邸（2014）日本再興戦略　改訂 2014―未来への挑戦―、https://www.kantei.go.jp/jp/singi/keizaisaisei/pdf/honbunJP.pdf（2018/08/30 取得）．
・首相官邸（2015）日本再興戦略　改訂 2015―未来への投資・生産性革命―、https://www.kantei.go.jp/jp/singi/keizaisaisei/pdf/dai1jp.pdf（2018/08/30 取得）．
・首相官邸（2016）日本再興戦略 2016―第4次産業革命に向けて―、https://www.kantei.go.jp/jp/singi/keizaisaisei/pdf/zentaihombun_160602.pdf（2018/08/30 取得）．
・首相官邸（2017）未来投資戦略 2017―Society 5.0 の実現に向けた改革―、https://www.kantei.go.jp/jp/singi/keizaisaisei/pdf/miraitousi2017.pdf（2018/08/30 取得）．
・首相官邸（2018）未来投資戦略 2018―『Society 5.0』「データ駆動型社会」への変革―、https://www.kantei.go.jp/jp/singi/keizaisaisei/pdf/miraitousi2018_zentai.pdf（2018/08/30 取得）．
・首相官邸（2013）世界最先端 IT 国家創造宣言、https://www.kantei.go.jp/jp/singi/it2/kettei/pdf/20130614/siryou1.pdf（2018/08/30 取得）．
・首相官邸（2014）世界最先端 IT 国家創造宣言の変更について、https://www.kantei.go.jp/jp/singi/it2/kettei/pdf/20140624/siryou1.pdf（2018/08/30 取得）．
・首相官邸（2017）世界最先端 IT 国家創造宣言・官民データ活用推進基本計画について、https://www.kantei.go.jp/jp/singi/it2/kettei/pdf/20170530/siryou1.pdf（2018/08/30 取得）．
・首相官邸（2018）世界最先端 IT 国家創造宣言・官民データ活用推進基本計画の変更について、https://www.kantei.go.jp/jp/singi/it2/kettei/pdf/20180615/siryou1.pdf（2018/08/30 取得）．
注2）文部科学省委託事業等には次のものがあります．
・社団法人日本教育工学振興会（2007）情報モラル指導モデルカリキュラム・キックオフガイド．
・財団法人コンピュータ教育開発センター（2008）学力向上 ICT 活用指導ハンドブック．
・ICT を活用した教育の推進に資する実証事業・ICT の活用が最適な指導方法の開発ワーキンググループ編（2015）「ICT 活用ステップアップ映像集」利用ガイド．
・ICT を活用した教育の推進に資する実証事業・教員の ICT 活用指導力向上方法の開発ワーキンググループ編（2015）「校内研修リーダー養成のための研修手引き」．

111

第5章　体育における ICT 利活用の理論

- 財団法人日本視聴覚教育協会（2012）教育 ICT 活用実践事例（また、文部科学省では各教科での ICT 活用実践例を動画視聴できるホームページ「"IT 授業" 実践ナビ」(http://www2.japet.or.jp/itnavi/) を開設しています）．
- 総務省のフューチャースクール推進事業（2010-2013）の成果報告書である「教育分野における ICT 利活用推進のための情報通信技術面に関するガイドライン（手引書）」（2014）http://www.soumu.go.jp/main_content/000285277.pdf（2018/07/25 取得）．
- 注３）次世代の教育情報化推進事業「情報教育の推進等に関する調査研究」成果報告書には次のものがあります．
- 文部科学省（2018）情報活用能力を育成するためのカリキュラム・マネジメントの在り方と授業デザイン―平成 29 年度　情報教育推進校（IE-School）の取組より―、http://www.mext.go.jp/component/a_menu/education/micro_detail/__icsFiles/afieldfile/2017/06/15/1386272_01.pdf（2018/07/25 取得）．
- 文部科学省（2018）主体的・対話的で深い学びの実現に向けた ICT 活用の在り方と質的評価―平成 29 年度　ICT 活用推進校（ICT-School）の取組より―、http://www.mext.go.jp/component/a_menu/education/micro_detail/__icsFiles/afieldfile/2018/06/11/1400884_3_1.pdf（2018/07/25 取得）．

ICT を活用した教育の推進に関する懇談会（2014）「ICT を活用した教育の推進に関する懇談会」報告書（中間まとめ）．http://www.mext.go.jp/b_menu/houdou/26/08/__icsFiles/afieldfile/2014/09/01/1351684_01_1.pdf（2018/07/11 取得）．

一般社団法人日本教育情報化振興会（2018）平成 29 年度文部科学省委託事業情報通信技術を活用した教育振興事業 ICT 支援員の育成・確保のための調査研究成果報告書．http://www.mext.go.jp/component/a_menu/education/micro_detail/__icsFiles/afieldfile/2018/09/03/1398432_4.pdf（2018/07/11 取得）．

情報化の進展に対応した初等中等教育における情報教育の推進等に関する調査研究協力者会議（1997）第 1 次報告、http://www.mext.go.jp/b_menu/shingi/chousa/shotou/002/toushin/971001.htm（2018/07/11 取得）．

経済産業省（2018）「未来の教室」と EdTech 研究会第 1 次提言 http://www.meti.go.jp/report/whitepaper/data/pdf/20180628001_1.pdf（2018/07/11 取得）．

教育課程部会（2016）第4回総則・評価特別部会　配付資料 2-1「情報に関わる資質・能力について」、p4、http://www.mext.go.jp/b_menu/shingi/chukyo/chukyo3/061/siryo/__icsFiles/afieldfile/2016/02/01/1366444_2_1.pdf（2018/07/11 取得）．

教育課程審議会（1987）幼稚園、小学校、中学校及び高等学校の教育課程の基準の改善について（答申）、http://www.mext.go.jp/b_menu/hakusho/html/hpad198801/hpad198801_2_073.html（2018/07/11 取得）．

文部科学省（2002a）情報教育の実践と学校の情報化～新「情報教育に関する手引」～」http://www.mext.go.jp/a_menu/shotou/zyouhou/020706.htm（2018/07/11 取得）．

文部科学省（2002b）「IT で築く確かな学力―その実現と定着のための視点と方策―」報告書について、特集 2 初等中等教育における情報化への対応、教育委員会月報 54（8）、pp.86-111．

文部科学省（2008a）小学校学習指導要領、東京書籍．

文部科学省（2008b）中学校学習指導要領、東山書房．

文部科学省（2009）高等学校学習指導要領、東山書房．

文部科学省（2010）「教育の情報化に関する手引」について、http://www.mext.go.jp/a_menu/shotou/zyouhou/1259413.htm（2018/07/11 取得）．

文部科学省（2011）教育の情報化ビジョン～ 21 世紀にふさわしい学びと学校の創造を目指して　～、http://www.mext.go.jp/component/a_menu/education/micro_detail/__icsFiles/afieldfile/2017/06/26/1305484_01_1.pdf（2018/07/11 取得）．

文部科学省（2013）第 2 期教育振興基本計画、http://www.mext.go.jp/a_menu/keikaku/detail/__icsFiles/afieldfile/2013/06/14/1336379_02_1.pdf（2018/07/11 取得）．

1　ICT利活用にかかわる教育施策

文部科学省（2014a）より効果的な授業を行うために 学校のICT環境を整備しましょう！教育のIT化に向けた環境整備4か年計画、http://jouhouka.mext.go.jp/school/pdf/2014ICT-panf.pdf（2018/07/11取得）.

文部科学省（2014b）学びのイノベーション事業実証研究報告書、http://www.mext.go.jp/b_menu/shingi/chousa/shougai/030/toushin/1346504.htm（2018/07/11取得）.

文部科学省（2015）21世紀を生き抜く児童生徒の情報活用能力育成のために 「情報活用能力調査」の結果から見る指導改善のポイント、http://jouhouka.mext.go.jp/school/pdf（2018/07/11取得）.

文部科学省（2016）教育の情報化加速化プラン http://www.mext.go.jp/a_menu/shotou/zyouhou/__icsFiles/afieldfile/2016/05/19/1370862_01.pdf（2018/07/11取得）.

文部科学省（2017a）小学校学習指導要領、東洋館出版社.

文部科学省（2017b）中学校学習指導要領、東山書房.

文部科学省（2017c）小学校学習指導要領解説 体育編、東洋館出版社.

文部科学省（2017d）学校におけるICT環境整備に関連する資料、http://www.mext.go.jp/b_menu/shingi/chousa/shougai/037/shiryo/__icsFiles/afieldfile/2017/02/17/1382338_06.pdf（2018/07/11取得）.

文部科学省（2017e）平成29年度学校における教育の情報化の実態等に関する調査結果、http://www.mext.go.jp/component/a_menu/education/micro_detail/__icsFiles/afieldfile/2018/08/29/1408157_001_1.pdf（2018/07/11取得）.

文部科学省（2018a）第3期教育振興基本計画、http://www.mext.go.jp/a_menu/keikaku/detail/__icsFiles/afieldfile/2018/06/18/1406127_002.pdf（2018/07/11取得）.

文部科学省（2018b）教育のICT化に向けた環境整備5か年計画2018-2022年度、http://www.mext.go.jp/component/a_menu/education/micro_detail/__icsFiles/afieldfile/2018/04/12/1402839_1_1.pdf（2018/07/11取得）.

文部科学省（2018c）次期学習指導要領を見据えたICT環境整備を進めましょう！新たな学びの実現に向けて、http://www.mext.go.jp/a_menu/shotou/zyouhou/detail/__icsFiles/afieldfile/2018/04/06/1403502_1.pdf（2018/07/11取得）.

文部科学省（2018d）ICT支援員の育成・確保のための調査研究事業、http://www.mext.go.jp/a_menu/shotou/zyouhou/detail/1398432.htm（2018/07/11取得）.

文部科学省（2018e）情報モラル実践事例集 http://www.mext.go.jp/component/a_menu/education/micro_detail/__icsFiles/afieldfile/2018/08/13/1408132_00_0_full.pdf（2018/07/11取得）.

文部省（1989）中学校学習指導要領、https://www.nier.go.jp/guideline/h01j/index.htm（2018/07/11取得）.

文部省（1990）情報教育に関する手引き、ぎょうせい.

文部省（1998a）小学校学習指導要領、大蔵省印刷局.

文部省（1998b）中学校学習指導要領、大蔵省印刷局.

文部省（1999）高等学校学習指導要領、大倉省印刷局.

林向達（2012）日本の教育情報化の実態調査と歴史的変遷、日本教育工学学会研究報告集124（4）、pp.139-146.

臨時教育審議会（1985）教育改革に関する第一次答申、大蔵省印刷局.

臨時教育審議会（1986）教育改革に関する第二次答申、大蔵省印刷局.

総務省（2014）教育分野におけるICT利活用推進のための情報通信技術面に関するガイドライン（手引書）、ttp://www.soumu.go.jp/main_content/000285277.pdf（2018/07/11取得）.

初等中等教育における情報化に関する検討会（2006）初等中等教育の情報教育に係る学習活動の具体的展開について、http://www.mext.go.jp/component/a_menu/education/detail/__icsFiles/afieldfile/2010/09/07/1296864_1.pdf（2018/07/11取得）.

中央教育審議会（2016）幼稚園、小学校、中学校、高等学校及び特別支援学校の学習指導要領等の改善及び必要な方策等について、http://www.mext.go.jp/b_menu/shingi/chukyo/chukyo0/toushin/__icsFiles/afieldfile/2017/01/10/1380902_0.pdf（2018/07/11取得）.

113

第5章　体育における ICT 利活用の理論

2　体育における ICT 利活用の4つの誤解

鈴木直樹（東京学芸大学）

1．はじめに

　2018年9月から10月にかけて実施された世界バレー女子大会を毎日のように楽しみにしてテレビで観戦していました。中田監督は常にタブレットを手に持ち、ゲーム中にプレイを確認しながら、指揮を執っていたのが印象に残っています。また、チャレンジシステムが導入され、審判の判定に異議を申し立て、ビデオ判定で確認するような場面があり、ボールの軌跡が画面に映し出され、その結果に一喜一憂しました。さらに、バレーボール日本代表を特集した放送では、日本代表が活用している動画分析ソフトやコンピュータ制御されているブロックマシンなどが紹介され、データアナリストの存在も大きく取り上げられていました。このように、スポーツ競技の中には ICT の利活用が欠かせないものとなっています。このようなスポーツ競技での ICT の利活用方法は、体育にも大きな影響を与えているように思います。すなわち、ICT 利活用の長所を動作分析やゲーム分析に見出し、スポーツ競技と同様のイメージで ICT を利活用しようとしているように感じています。しかし、そこには大きな誤解があるように思います。このように、体育の学びを促すという視点とは異なった文脈で、体育での ICT 利活用を誤解させてしまっていることは少なくないように思います。そこで、下記に私たちが陥りがちな典型的な誤解を取り上げていきたいと思います。

2．ICT 利活用の誤解

（1）ICT を使わなければならない！

　学習指導要領の体育・保健体育の内容の取扱いでは、「コンピュータや情報通信ネットワークなどの情報手段を積極的に活用し、各領域の特質に応じた学習活動を行うことができるように工夫すること。」（文部科学省、2018a）というように記述されています。このような状況の中で、「ICT 機器を使用しなければならない」と思っている読者も少なくないと思います。ICT 機器はあくまでも道具だとはよく言われますが、義務感にかられながら、「タブレットがあるから使う」といった使用も行われているのが現実ではないかと思います。

2　体育におけるICT利活用の4つの誤解

　図1に示すように、平成26年から平成29年にかけて、学校で活用されているタブレット型のコンピュータの台数が約5倍に増加しています。デスクトップ型やラップトップ型のコンピュータからタブレット型コンピュータの活用へと変化してきているといえます。

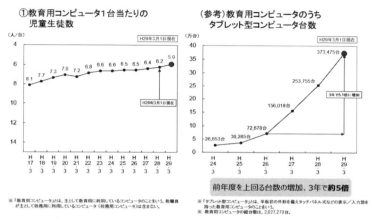

図1　コンピュータの台数変化（文部科学省，2018b）

　また、超高速といわれるインターネットの学校での普及率も約50％となっています。かつて20年前に、電話回線を使ってインターネットを活用していたことを思い出すと信じられないような状況です。

　さらに、電子黒板も右肩上がりで普及していることがわかります。このような状況は、windows95が普及し始めた頃を思い出させます。当時、目新しかったコンピュータを前に、情報リテラシーを身につけることを目指し、「コンピュータの使い方」を覚える学習をしていたことを思い出します。しかし、今やタブレットやスマートフォンは生活の中に深く入り込んでいます。学校にとっては、ICT機器は目新しく、ICT機器を活用して学ぶということは新鮮なことであるように思いますが、それらは子どもたちにとって日常的に活用するツールになっています。小中学生のスマートフォンの所有率も右肩上がりで上昇しています。

　ある調査では、スマートフォンの使用の有無が小学生でさえ、60％になっており、別の調査では5・6年生のスマートフォン所有率が60％になっているとの報告もあります。すでに教員がイメージする以上に、子どもたちにとってICT機器は身近なもので、特別なものではなくなっています。ICTは使わなければいけないものではなく、社会の中では使って生活するものになっているわけです。

115

第5章 体育におけるICT利活用の理論

学校と社会のニーズの不一致はよく指摘されているところですが、変化の激しいこの時代においてそのギャップはますます大きくなっているのかもしれません。

このように急速に学校でのICT環境が変化する中で、学校という環境下において新しい道具を目にすることになり、教員にとっては、教育機器としてICTが特別な道具のように認識されてしまっているようなところがありますが、子どもたちの社会にとって、すでにICT機器は生活の中に深く根付いた活用する道具になっているともいえます。すなわち、ICTは使わなければならない道具ではなく、学びを深める為に使う道具にならないといけません。したがって、ICTを利活用することで、ICTを利活用するための「特別な内容」をただ身につけるのではなく、ICTは「教育内容」を深く学ぶことができるツールにならないといけないと思います。

今やプロジェクタや電子黒板、タブレットが普及し、学びの空間デザインが大きく変化してきたことを感じます。しかし、普通教室だけでなく、これからは体育館や校庭も伝統的なイメージからの脱却を図り、学びを深める新たな教育環境を求めていく必要があると考えます。ICTは使わなければならないものではなく、よりよい学びを支える為に、ニーズに基づいて使うものであるという認識のもと、学びをデザインしていく必要があるといえます。

(2) ICTの活用によって運動量が減少する！

次に、ICTの利活用を考えた時、それを操作する時間が長くなることを心配している人も多いと思います。また、ICT機器そのものに興味を示し、操作そのものを楽しみ、学びに支障を来すと考えている人もいると思います。その結果、ICTを利活用することによって運動する時間の減少や運動の負荷の低下を懸念している方も多くいるのではないでしょうか？ しかし、これも間違った認識といえます。

例えば、体育の時間では、運動課題の提示がよく行われると思います。実際に、その場面を再現してみます。皆さんは、子どもになった気分で以下の説明を読んでみて下さい。

> これから、ぶらんこを使って遊びます。まず、一番はじのぶらんこの横に立ち、バランスをとって落ちないようにぶらんこの上に立って下さい。ぶらんこから落ちないようにして、隣にあるぶらんこに移動して下さい。この時、地面に足がつかないようにして下さいね。最初は、少し難しいと思うので、友達に隣のぶらんこを近づけてもらって、ぐらぐらしないように持っていて

2 体育におけるICT利活用の4つの誤解

> もらって下さい。はじからはじのぶらんこまで移動をするのが目的ですが、2回目の移動は少し遠くなります。そこで、ぶらんことぶらんこの間にポートボール台をおいてその上に立つことはOKにしたいと思います。ポートボール台の上から次のぶらんこに移動して下さい。もし、ぶらんこから落ちてしまったら、その場所からやり直してください。できるだけ落ちないように頑張って下さい。

　いかがでしょうか？　説明を読んで活動をイメージできたでしょうか？　おそらく、これで子どもたちが理解できていないと教師が評価した場合、実際に示範をしてみるということが行われると思います。しかし、映像で、この様子をみせれば、どのような活動であるか一瞬で理解することができます。

　実際に、2年生の「器械器具を使っての運動遊び」でタブレットの使用の有無で、子どもたちの心拍数はどのように違うかを調査した結果が図2になります。それぞれの授業で測定した子どもの中から2名を抽出して、上下にその結果を並べてみました。ここには合計4名分の心拍数が提示されています。左側がタブレットを使用した授業の結果、右側がタブレットを使用していない授業の結果になります。

遊具での運動遊びの学習時の2年生の心拍数の変化

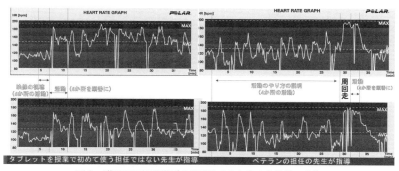

図2　遊具での運動遊びの学習時の2年生の心拍数の変化

　この授業では、子どもたちにいろいろな遊具を使って運動遊びを行うことを指導する単元の第1時間目です。右側のタブレットなしの授業では、4か所で遊び方を説明していますが、それぞれの場所を移動しながら先生が説明をし、全て終えるまでに約30分の時間を要しています。左側のタブレットを使った授業では、グループ毎に、6か所の活動を、タブレットを使って授業の前半部で視聴し、そ

第 5 章　体育における ICT 利活用の理論

の後、活動に移りました。およそ 2 分間で活動を視聴し、その後、すぐに活動できています。心拍数は、視聴後に一気に高くなり、その後も活動中は、ある程度の心拍数を示しています。このようなことから、教師が説明せずともすぐに活動を理解して動けていることが読み取れます。その結果、タブレットなしの授業は、一時間の授業の大半を説明に費やしてしまいましたが、タブレットを使用した授業では、提示された活動を基盤にして活動を工夫して遊ぶという発展した活動にも取り組むことができています。タブレットを使用しなかった授業の子どもたちの平均消費カロリーは、285 キロカロリーだったのに対して、タブレットを使用した授業の子どもたちの平均消費カロリーは 361 キロカロリーになっています。1 時間で 76 キロカロリーの違いになります。これは、約 9 分のジョギングで消費できるカロリーと同様です。タブレットを使用した授業の前半、子どもの集合が遅く、開始が 3 分以上も遅れたことも考えると、タブレットを活用して活動を提示したことによって、効率的に活動につなげることができている事実を理解できます。このように、タブレットの支援によって運動量はむしろ増加しているといえます。

　次に、中学校でのネット型での事例を取り上げます。授業では、ゲームを撮影し、そのビデオを手がかりにしながら、自分たちの協力の仕方について話し合いをしていきました。認めあえる雰囲気の中で、技能の高低に関係なく、発言をし合いながら、自分たちの協力の仕方を考えていきました。驚きだったのは、30 秒のビデオ撮影時間の設定であった為、何度も 1 ゲーム中にビデオを撮影していますが、子どもたちは振り返りたいビデオをすぐに見つけ、表示していたことでした。頭の中でイメージして振り返るのではなく、具体的にゲームの事実から話しあいができることで、理解が促されたように思われました。その理解は、ゲームの中でも実際によく表出していましたし、授業後に子どもたちに行ったインタビューの中でも、ICT を利活用したことによって、ゲームの中での自分の役割に気づき、どのように関わり合えばよいかを理解できたと述べていました。その結果、ICT は運動時間を減少させるどころか、運動量を増加させることができていました。

(3) 運動を上手にするために ICT を利活用する！

　3 つ目に ICT は運動を上手にするために利活用すると考えている方も多くいると思いますが、これは体育の目標から言えば、必ずしも正しいとは言えないと思います。

2 体育におけるICT利活用の4つの誤解

　図3をご覧ください。これは運動実施率と小学6年生の体力テストの総得点の結果を示したものです。運動実施率をみると、最も運動していない世代が子ども時代に最も体力得点の高かった40代であり、体力得点が低かった50代60代、20代30代の方の方が運動に積極的に関わっているといえます。40代は忙しいから運動の実施率が低いとも考えられますが、忙しい人ほど時間を作ることがうまいという報告もあります。また、運動実施率は全体に上昇傾向にあり、現40代が20代であった頃よりも、小学校時代、体力得点が低かった子どもが20歳になった平成9年以降、どんどん体力が低かった世代が増えていくわけですが、運動実施率は年々増加していくという傾向を見せています。このような事実からは運動をできるようにすることがイコール生涯にわたる運動活動には結びついていないことを意味しています。

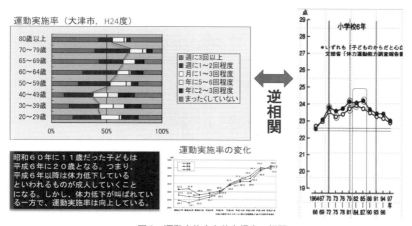

図3　運動実施率と体力得点の相関

　体育における学習成果は身体活動に如実に現れます。そして、ICT機器はそれを視覚化することができます。しかし、それ故に「技能主義、結果主義」に陥ると、「動きの改善」が強調されてしまいます。その結果、「できる子はますます運動するようになり」「できない子はますます運動しなくなる」といったように、二極化は助長され続けると思います。技能の高低に関係なく、運動に関わることを学ぶには、運動との関わり方を大切にした参加に注目し、多様性を大切にした協働的な過程主義的な学びが大切です。そのことによって、動きにおける気づきを促進し、学びが深まっていくと考えられます。同じように「撮影するという行為」であったとしても、それをどのように使うかによって、学びの成果は変わってい

第 5 章 体育における ICT 利活用の理論

くのです。大切なのは、ICT の機能ではなく、使い方です。つまり、それを使って、どのように指導するかです。どんな機能を使うかということに注目すると、ICT の機能として注目しやすい映像に残すということが強調され、それを分析的に使うことばかりに注目されていくのだと思います。しかし、本当に重要なのは、そういった機能を、どんな学びを保証するためにどのように使用するかという点です。

　体育では「運動を上手にするために ICT を利活用する」と思いがちです。しかし、目標に示されるように、「心と体を一体としてとらえた学び」を前提とするならば、子どもたちが有能感を高める中で、技能は高まっていくと考えるべきであると思います。このように「運動を上手にするために ICT を利活用する」という視点から離れた時に、体育としての ICT の使い方の新たな創造ができるのではないかと個人的には思っています。

　以上のように、適切な ICT の利活用によって運動有能感を高め、動きにおける気づきを促すことができると考えられます。このように学び方の変革に ICT を活用することによって、全ての子どもが、運動有能感を高め、運動に親しむ力を育成することのできる力を育むことが可能になると考えられます。

(4) タブレットがあれば ICT を利活用した授業ができる！

　そして、4 つ目です。ICT の利活用の中でも、最近、注目をされているのはタブレットではないかと思います。しかし、このタブレットがあれば、ICT が利活用できるという考えは誤っていると思います。

　私は、20 年以上前に、見本の動きを動画で見せ、つまずきに応じて練習方法を提示するようにしました。また、ビデオで動きを撮影して分析し練習することができるようにしました。このような実践は、タブレットの基本機能として初期設定状態から活用できる写真を撮ったり、ビデオを撮ったり、ネットサーフィンをすることで実践が可能です。

　当時の平成元年の学習指導要領に基づいて実施されたこの授業のような形態を未だに革新的な授業と呼び、導入しようとしている現状があると思います。すなわち、タブレットの機能そのものより、それをどのように「つないで」使用するかが問題です。つまり、タブレットの使い方そのものが重要であり、それを支えるソフト面が重要です。したがって、大切なのは、タブレットで使用するアプリケーションです。つまり、機能ではなく、使い方が大切です。私たちも体育用のソフトを開発し、実証的に研究を進めていますが、どんなアプリケーションを

使うかが授業成功の鍵ともいえます。タブレットがあれば、授業は上手くいくわけではなく、タブレットというプラットフォームを使い、そこにどのような授業を実現するかという思想を元にしたアプリケーションをのせていく必要があります。そこで、「アプリ導入のルールづくり」「アプリの情報共有のしくみ」「カリキュラムマネジメント」などを適切に行い、タブレットでアプリケーションを使用することによってよりよい授業の実現を図っていく必要があると思います。

　以上のように、ICTを使用することで、学びをより豊かにすることができる可能性がありますが、その為には、アプリケーションの活用が重要です。つまり、その使い方が重要です。ハードだけでなく、ソフトに目を向け、そのよりよい使い手になっていく必要があります。

3．まとめ

　これまでに、4つの誤解について説明してきました。結局、ICTは人と人とのコミュニケーションをより豊かにするものとなる必要があります。教育でICTを利活用する意味は、人間的なコミュニケーションの創造にこそあると私は考えます。したがって、対話を生むICT利活用を考え、主体的な学びが展開するように発達段階に応じた使用をすることが大切ではないでしょうか？　今後は、IoT新時代における教師と子どものコミュニケーションの創造を考えていく必要があると思います。

【参考文献】
文部科学省（2018a）小学校学習指導要領（平成29年告示）解説体育編、東洋館出版社。
文部科学省（2018b）平成28年度　学校における教育の情報化の実態等に関する調査結果（概要）。

第 5 章　体育における ICT 利活用の理論

3　体育におけるICT利活用の成果と課題

鈴木一成（愛知教育大学）

1．はじめに

図 1 は、UNESCO（2010）の ICT 利活用ステージモデルです。このモデルは、導入（Emerging）、適用（Applying）、融合（Infusion）、転換（Transforming）の 4 段階で示されています。その要点をまとめたものが次頁の表 1 です。

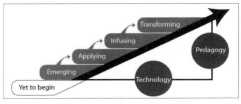

図 1　ICT 利活用ステージモデル（UNESCO,2010）

この 4 段階を参考にして、わが国における体育の ICT 利活用の成果と課題について、整理を試みます。

2．導入での成果と課題（生産性ツール）

導入は、ICT の導入が始まったばかりの段階です。そのため、例えば、各学校にワープロ機能がある、インターネットで検索できる機器がある、といった段階となります。まずは、ICT 機器が「ある」という状態です。

教師は、ICT 機器を試しに使ってみることで、体育授業で使用するワークシートや評価の整理表の作成、実践アイデアの情報収集することができます。小松（2012）の「作戦図や学習資料の作成」、加登本・辻（2016）の「年間指導計画や各領域のリンク集を使った授業準備」、白旗（2012）の「デジタル教材の活用」は、その一例です。そして、手書きではなく、ワープロ機能で学習資料の作成することで、修正と保存が簡単にできます。また、体育授業での場の設定や教材の工夫等は、学習指導要領解説での文言だけでは理解しにくいものですが、動画を視聴することで、その理解を助けてくれます。

つまり、導入における ICT の使用は、日頃の体育の授業準備をサポートする生産性ツールと

・生産性ツールで日常の教育サポート
・将来の教育におけるICTの可能性

図 2　生産性ツール

3 体育におけるICT利活用の成果と課題

表1 ICT利活用ステージモデル（UNESCO, 2010）の要点整理

Stage \ dimension	technology dimension	pedagogy dimension — learning about ICT	pedagogy dimension — teaching with and through ICT
Emerging 導入	導入は、学校がコンピュータの導入が始めたばかりの段階である。最初は、1台または2台のコンピュータと1台のプリンタ（教育部門が寄贈または購入したもの）である。 この段階の教師は、ワークシートを作成するためのワープロ、インターネットが利用可能であれば、情報の検索や電子メールによる連絡など、利用可能な機器を頻繁に使用する。ICTリテラシースキルを養い、さまざまな専門職や個人的な仕事にICTを適用する方法を学ぶ。重点は、さまざまなツールやアプリケーションを使用して、将来の教育におけるICTの可能性を認識することを学ぶことである。導入段階では、授業は教師中心である。	ICTを知ること ICTを学ぶ第1ステップは、教師や学習者はICTツール、その機能、使用方法を認識することである。通常、ICTリテラシーと基本スキルに重点が置かれてる。	生産的道具を使うこと 先生がICTを使い始めたとき、一般にワープロ、ビジュアルプレゼンテーション、スプレッドシート、データベース、電子メールなどの生産性ツールを使用して日常の教育をサポートしている。
Applying 適用	適用は、学校が組織全体で追加のICT機器を取得しており、通常、国家ICT政策が実施されており、様々なICT戦略が試行されている国にある。 この段階で教師は、当初、ICTの活用は、ほとんど別のカリキュラム領域として使われている。学習活動を支配する傾向があり、教科指導を改善することに焦点を当て、ICTを使用する。しかし、ICT施設やリソースへのアクセスが不十分な場合にICT活用が制限される。	どのように教科でICTを学ぶのか ICTを学ぶ第2ステップは、ICTツールをどのように使用し、カリキュラム内のさまざまな科目でそれらを使用するかを学ぶことである。	従来の指導を拡張すること 教育のための生産性ツールを導入した後、次のステップはさまざまな科目で従来の指導の補助としてICTを使用することである。
Infusing 融合	融合は、学校がカリキュラム全体にICTが組み込んでいる段階である。この段階では、ほぼすべての教室にコンピュータが設置され、インターネット接続がある。 この段階の教師は、ICTは学生の学習や学習管理を改善するような方法で、教師の職業生活のあらゆる面に浸透する。ICT活用は、カリキュラムに統合する。自らの学習と生徒の学習を改善するために、ICTを職業生活のあらゆる面で融合しているが、ICTは学習活動と完全に融合していない。しかし、生徒は徐々に、自分の学習を支配し、実施するプロジェクトで選択の程度を与えられる。教師はICTを利用して、学生が個人プロジェクトの目的を達成するための学習を評価するのを支援する。	ICTをいつどう使うか理解すること ICTを学ぶ第3のステップは、特定のICTツールを選択して特定のプロジェクトを完了させるなど、ICTツールをいつどのように特定の目的を達成するかを理解することである。 ICTが役立つ状況を認識し、特定のタスクに最適なツールを選択し、これらのツールを組み合わせて実生活の問題を解決する。	多様な指導法で学習を促進すること このステップでは、教師は学生の学習を支援するためにさまざまなマルチメディアツールを使用する。教師は、特定のタスクに最も適したツールを選択し、これらのツールを組み合わせて実生活の問題を解決する必要がある。同時に、教師や学習に役立つさまざまなマルチメディアや特殊なソフトウェアが存在する状況を教師が認識しなければならない。
Transforming 転換	転換は、学校が学習活動のすべてに完全にICTを統合している段階である。ICTを使用して創造的な方法で制度組織を再考し、更新し、ICTが日常生活の一部である場合の段階である。 この段階の教師は、ICTは高等学校の上級レベルで個別の科目として教えることになり、職業分野に組み込まれる可能性がある。教師中心から学習者中心へと、ICTとカリキュラムが統合するように完全に移行させる。 この段階に達すると、教育機関の全体の精神が変わる。教師やその他のサポートスタッフは、ICTを日常的な生活の一部とみなす。	ICT活用に精通すること ICTを学ぶ最終ステップは、教育慣行と組織管理の中にICTツールとシステムの使用におけるいくつかの専門化を組み込むことである。教師は、そのようなICTツールやシステムが学生の学習を向上させる方法を理解している。同時に、学校の長と管理者は、学校組織、その管理、計画などのビジネス機能がICTの導入を通じてどのように利益を得ることができるかを学ぶ。	革新的でオープンな学習環境を創造すること 最終ステップでは、ICTを使用して、教室での学習を時間的に変える革新的な学習環境を作成することに特化する。学校長は、学校全体のカリキュラム計画におけるビジョンとリーダーシップを提供する。学習原理と現在の教育学の動向を使用することにより、教師はオープンで柔軟な学習プログラムの開発、提供、管理に役立つことになる。

UNESCO(2010)ICT TRANSFORMING EDUCATION A Regional Guide を筆者が和訳・要点整理した。

第5章　体育におけるICT利活用の理論

いえます（図2）。教師がICTを使用した授業準備の中で、多様なICT機器にも触れようとすれば、新たな機能や使用方法の理解を広げていきます。「このICT機器の機能と使用方法であれば、こんな実践ができるかもしれないな」という将来の体育におけるICT利活用の可能性を模索することになると考えます。一方で、導入では、実際に体育授業の中でのICT利活用には及ばないことが課題となります。

3．適用における成果と課題
（教師による学習支配「従来指導の補助ツール」）

適用は、国全体でICT政策が実施されており、様々な戦略が試行されている状態になります。すでに日本では、2000年のe-japan戦略に始まり、ICT戦略は教育の情報化は加速化しています（詳細は第5章の1をご参照ください）。

適用の当初は、ICTとカリキュラムは別に存在しています（図3）。そのため、「ICTをカリキュラウムにどのように近づけるのか」が問われることになります。

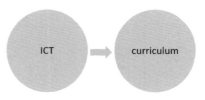

・ ICTとカリキュラムは別
・ 従来指導の補助と教科指導の改善

図3　従来指導の補助ツール

体育では、松本（2012）の「映像で技のポイントを提示する実践」、原（2012）の「前時の振り返りに写真を活用する実践」、大槻（2012）と八塚（2016）の「授業前半と後半の保存映像を比べて出来映えを評価する実践」、村井（2014）と吉井（2016）および筑波大学附属小学校（2016）の「課題を提示したり動きを撮影・視聴させたりする実践」、横尾・入江・他（2017）の「スキルテストの効率化を図る実践」、NHK for School（2018）と文科省（2018）の「手本と出来栄えを比較する実践」などがあります。

これらの実践の特徴は、従来指導の補助といえます。従来指導とは、教師が「手本」を見せたり「課題」をもたせたりして、修正点や改善点を「練習」させ、「出来映えの評価」をする指導スタイルです。端的に言えば、「手本・練習・出来映え評価」です。ICT機器はそれらの補助ツールとなります。すなわち、ICT機器は、「手本」を見せたり「課題」をもたせたりする場合、修正点や改善点を「練習」させる場合、「出来映えの評価」する場合といった3つの場合での学習手段を補助することになります。いずれの場面も、教師がICT機器をどう使うか、あるいは学習者に使わせるかにあり、教師が学習を支配する傾向となります。

一方で、体育のICTの活用について、森田（2016）は「児童の運動量を確保しにくい」といいます。また、文科省（2014）の実証研究報告書では、体育授業において、「ICTを用いた場合、実際の活動よりもPCを見る時間が多くなる場合もあるため、学んだ内容を実際に体験させる活動も併せて行うことも必要」、「ICTを使用した場合、手本となる動画を見せる時間が多くなるなど、活動よりもPCを見る時間が多くなる場合もあるため、視点を端的に示すなど、作成、活用の工夫が必要」という課題も残っています。

しかし、見方を変えれば、これらの課題は、どのように従来指導を改善したらよいかを考える機会となっています。つまり、適用段階において、ICT機器が体育授業へ接近することによって、従来指導を改善する契機となったことは、裏を返せば、適用段階での成果といえます。

以上のことから、適用段階におけるICTの活用は、体育における従来指導の補助ツールと教科指導の改善の二点が成果といえます。一方で、鈴木・大熊他（2017）がいうように、「運動時間を減少せず、運動時間を増加させるような利活用をすること」が課題といえます。

4．融合における成果と課題
　　（教師による学習支援「最適ツールの選択」）

融合は、完全ではありませんが、ICTがカリキュラムの中に組み込まれていく段階です（図4）。この段階では、ICT機器を、いつ、どのように利活用するのかが問われます。文科省（2017a）の学習指導要領解説の体育編では、「簡易化されたネット型のゲームにおいて、自己や仲間が行っていた動き方の工夫を、動作や言葉、絵図、ICT機器を用いて記録した動画などを使って、他者に伝えること」が明記されました。ICT機器を、いつ、どのように利活用するかが具体化の鍵といえます。

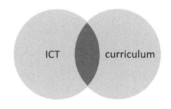

・ICTがカリキュラムに組み込まれる
・あらゆる面でICTが浸透、完全には融合せ?

図4　最適ツールの選択

では、融合段階における成果と課題はどのようなものがあるのでしょうか。

ICTを活用した教育の推進に関する懇談会（2014）では、ICTの活用により実現が容易となる学習場面の例として、「思考の可視化・瞬時の共有・試行の繰り返し」をあげています。また、文科省（2014）は、ICTを活用した学習場面を、実証校の実践をもとに類型化し、整理しています。具体的な授業実践としては、

第 5 章　体育における ICT 利活用の理論

　例えば、山﨑（2016）の「学習前後のゲーム中の動きを見比べる実践」や吉井（2016）の「ハードル走の動きを撮影・視聴し、自己評価する実践」があります。これらは、先の適用での教師による評価ではなく、学習者自身の評価について教師が支援しています。ICT を利活用して、子どもたちが課題を形成したり解決したりするができているかという、子どもたち自身が評価することについて、教師が支援するものです。

　校種別としては、小学校体育での ICT 活用として、岩田・吉野他（2018）は、学習課題の確認、フィードバック、学習過程の記録・評価の 3 つの場面に整理しています。鈴木・大熊他（2017）は、小・中学校及び高等学校での体育において、ICT を利活用の 3 つの場面として、①課題提示場面、②問題解決場面、③評価場面をあげています。さらに、「小学校低学年・中学年・高学年、中学校・高等学校」の発達段階を考慮した ICT 利活用する体育の学習者イメージを設定して、場面別の系統表も作成しています。この研究成果としては、「ICT を活用すると『主体的・対話的で深い学び』の時間が減る？」という誤解は解け、むしろ促進されるとしています。

　これらの実証研究や実践事例は、学習者が学習状況に即して、ICT 利活用を最適なツールとして選択したり、その選択の範囲を広げたり、さらには教師が、学習者の評価を支援したりすることも期待できます。端的に言えば、「最適ツールの選択」です。これは「教師による学習支援」による学習者の学びを促進する多様な学習指導法の開発にもなります。そこには、鈴木・大熊他（2017）がいうように、「あるから使う」という義務感ではなく、「必要だから使う」という必要感に基づいた利活用の得が内在していると考えます。また、日野（2016）は「ICT を、学習のどの場面で、どのタイミングでどのように活用すればいいか、授業の構想力が問われてくる」といいます。融合の段階において、体育の ICT 利活用に関わる学習場面の整理は、授業の構想力を培うことになるといえます。

　しかし、融合の段階での「最適ツールの選択」が、動きの改善のみに特化することになれば、前段階の適用での従来指導の補助ツールに傾斜し、さらに、ICT ではなく IT の利活用となることが懸念されます。IT にはない「C」のコミュニケーションそのものを「教師による学習支援」の対象としようとすれば、動きにおける気づきを促すなどで、対話を生む ICT 利活用が求められると考えます。

　以上のことから、融合段階における ICT 利活用は、最適ツールの選択と学習者の学びを促進する「教師による学習支援」が成果といえます。一方で、鈴木・大熊他（2017）が指摘するように、「動きの改善に特化するのではなく、動きにお

3 体育におけるICT利活用の成果と課題

ける気づきを促す利活用をすること」が課題といえます。

5．転換における成果と課題
（教師による学習支援「革新的な学習環境の創造」）

転換段階は、すべての学習活動に統合された段階です（図5）。教師や学習者のICT利活用に関わる学びを転換する段階です。そのため、何がどのように転換するのかが問われます。鈴木（2016）は「ICTの使い手となる教師側の大きな認識転換が必要である。しかも、スポーツ科学におけるICT活用に強い影響を受けるのではなく、体育学習におけるICTの活用としてのアイデンティティを確立し、成長していく必要がある」として、教師の意識と知識構造の転換について述べています。

ICTがカリキュラムのすべてに統合
革新的な学習環境の創造に期する
ICTは日常生活の一部

図5　革新的な学習環境の創造ツール

では、教師の意識と教師の知識構造、さらには体育の学びについて、どのような転換になるのでしょうか。

まずは、教師の意識の転換についてです。

Information Technologyから、Information and communication technologyへと転換してきたように、すでに、私たちの日常生活はICTと切り離せないものとなっています。鈴木（2016）は「教師はICT機器を学習手段ではなく、コミュニケーション手段として考え、学びを深める相互作用の新しい形態を生み出していかなければならない」とし、「道具としての『活用方法』よりもコミュニケーションとしての『活用を支える考え方』を理解する方が重要である」といいます。また、鈴木・石塚他（2016）は、体育のICT利活用により、「直接指導」から「間接指導」へ、「理想の形に向けて取り組ませるという指導」から「『いま―ここ』の自分を起点にした学びを支える指導」へと教師の指導行動の変容を検討した研究成果も発表しています。

次に、教師の知識構造の転換についてです。

鈴木（2016）は「これまでICT機器に使われ、振り回されてきた教師たちは、ICT機器の特性を教授学的内容知識とは別物として捉えられてきた傾向にある。そのため、授業実践でも授業づくりで考えてきたことが、ICTを活用するというようになった途端に、その特性に左右され、内容がすり替わってきたという現実があった」といい、「使い方ばかりに目を向けるのではなく、ICTの利活用と

127

第 5 章　体育における ICT 利活用の理論

教授学的知識を関連したところに存在するような体育の学習の内容と密接に関連づく新しいコミュニケーション形態としての知識が必要なのである」といいます。

図 6 は、教師の知識構造の変化です。

図 6　教師の知識構造の変化（鈴木、2016）

図 6 の「技術に関する知識」と「教授学的内容知識」のうち、ICT 機器の使用は「技術に関する知識」、カリキュラムは「教授学的内容知識」にそれぞれを対応させることができるとすれば、これまで整理してきた「適用・融合・転換」の段階での教師の知識構造として考えることができます。すなわち、図 6 の左図は「技術に関する知識」と「教授学的内容知識」が別に存在し、先の図 3 の「ICT」と「カリキュラム」も別に存在することから、適用の段階における教師の知識構造であると考えることができます。続いて、図 6 の右図の中央にある「技術的教授学的内容知識」は、先の図 4 の「ICT」と「カリキュラム」が重ねる部分と考えることができ、融合の段階における教師の知識構造といえます。さらに、転換の段階は、「ICT」が「カリキュラム」のすべてに統合しますので、教師の知識とは「技術的教授学的内容知識」となります。つまり、「技術に関する知識＋教授学的内容知識」から「技術的教授学的内容知識」への構造転換です。なお、「技術的教授学的内容知識」は、鈴木（2016）の整理にあるように、Koehler & Mishra（2009）の TPACK モデル（図 7）として構造化されています。

そして、体育の学びの転換についてです。鈴木（2017）は、ICT の役割を「①仲間とつなぐ」「②知とつなぐ」「③授業の内外での活動をつなぐ」とし、『ガラパゴス化した「体育」から脱却する鍵は、真正な学習内容論と学習方法論の構築にある』としています。さらに、「活動保障」から「内容保障」への体育の学びの転換し、学びの実感を得ることのできるカリキュラムが学校種を超えて実現することが急務であるとし

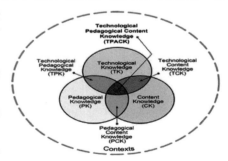

図 7　TPACK モデル（Koehler & Mishra, 2009）

ています。

　例えば、長坂（2015）の実践は、学習者自身が感じている自覚運動強度と、ハートレイトモニターによる客観的指標により、本気の遊びを考案するものです。自覚運動強度は自分が感じる主観的な情報で、「暗黙知」を含みます。一方、ハートレイトモニターは心拍数をリアルタイムに提示する客観的な情報で、「形式知」です。これら二つの情報を基に、本気の遊びを考案しようとする「意欲や思考力の源」になっています。文科省（2017b）が示す体育分野の知識は「言葉や文章など明確な形で表出することが可能な形式知だけでなく、勘や直感、経験に基づく知恵などの暗黙知を含む概念であり、意欲、思考力、運動の技能などの源となるものである」と定義されています。つまり、この実践には、ハートレイトモニターを使った「活動保障」ではなく、「暗黙知・形式知・意欲や思考の源」といったそれぞれの「知とつなぐ」ことにより、本気の遊びが考案できる「内容保障」があります。また、本気の遊びを考案するプロセスでは「仲間とつなぐ」ことも期待できます。

　大後戸（2016）は、学びの履歴を映像や写真をポートフォリオとして綴る事例として、小学2年と4年の自分のアンテナブリッジの映像を視聴し、学習者自らの伸びを実感する実践を紹介しています。2年前の映像視聴する「活動保障」ではなく、授業内にいる今の自分と、授業外にいる過去の自分をつなぐことで、自らの伸びという学びの実感を得ることのできる「内容保障」があります。

　これら2つの実践事例において、「仲間とつなぐ・知とつなぐ・授業内外での活動とつなぐ」ことを可能したのは、「いま―ここ」を起点にした学びを支える学習環境と考えます。そして、それは、ICTでなければできない革新的な学習環境といえます。革新的な学習環境を創造すること、それを支えるツールが転換の段階で求められるといえます。すなわち、「革新的な学習環境の創造ツール」です。この「革新的な学習環境の創造ツール」は、「いま―ここ」を起点にしたどのような学びを支えているのかによって、その真価が問われます。つまり、「革新的な学習環境の真価とは、核心的な学習内容の深化にある」といえます。

6．おわりに

　ICT利活用のステージモデルを参考にして、体育のICT利活用の成果と課題を整理しました。導入の「生産性ツール」、適用の「従来指導の補助ツール」、融合の「最適ツールの選択」、転換の「革新的な学習環境の創造ツール」の4つは単なる階層を示しているのでなく、各ステージでの成果と課題そのものが体育の

第5章　体育における ICT 利活用の理論

ICT 利活用に関わる学びの履歴であり、発展の歴史であると考えます。その際、常に体育は何を学ぶ教科なのかが問われてきたといえます。その中でも、転換の段階では、体育そのものの再定義が求められていることにもなると考えます。

【引用参考文献】

ICT を活用した教育の推進に関する懇談会（2014）ICT を活用した教育の推進に関する懇談会報告書（中間まとめ）．http://www.mext.go.jp/b_menu/houdou/26/08/__icsFiles/afieldfile/2014/09/01/1351684_01_1.pdf（2018/07/11 取得）．

岩田靖・吉野聡・日野克博・近藤智晴編著（2018）初等体育授業づくり入門、大修館書店、pp.142-143．

原祐一（2012）デジタルカメラを活用した評価システム「ティーチング・ポートフォリオ」、体育科教育第 60 巻第 5 号、p.25．

日野克博（2016）学びのデジタル革命で体育授業はどう変わるのか、体育科教育第 64 巻第 12 号、大修館書店、p.19．

八塚伝（2016）「体育館の教室化」で体育の学習を変える！、体育科教育第 64 巻第 12 号、pp.46-49．

加登本仁・辻延浩（2016）情報共有システムの導入で同僚の育ちを支える、体育科教育第 64 巻第 12 号、pp.29-33．

Koehler , M.J., & Mishra , P. (2009). What is technological pedagogical content knowledge Contemporary Issues in Technology and Teacher Education , 9 (1), pp.60-70.

小松崎敏（2012）体育授業における ICT 機能のかんたん活用事例、体育科教育第 60 巻第 5 号、p.38．

松本香奈（2012）多視点映像教材の活用で広がる運動学習の可能性、体育科教育第 60 巻第 5 号、pp30-33．

文部科学省（2014）学びのイノベーション事業実証研究報告書、http://www.mext.go.jp/b_menu/shingi/chousa/shougai/030/toushin/1346504.htm（2018/07/11 取得）．

文部科学省（2017a）小学校学習指導要領解説 体育編、東洋館、p.142．

文部科学省（2017b）中学校学習指導要領解説 保健体育編、東山書房、pp.8-9．

文部科学省（2018）次世代の教育情報化推進事業（情報教育の推進等に関する調査研究）成果報告書主体的・対話的で深い学びの実現に向けた ICT 活用の在り方と質的評―平成 29 年度　ICT 活用推進校（ICT-School）の取組より―、pp.38-41．

森田哲史（2016）デジタルとアナログの融合で思考力・判断力を高める、体育科教育第 64 巻第 12 号、p.37．

村井万寿夫（2014）ICT を使ってみよう！大日本図書 教育研究室、p.29．

鈴木直樹・成家篤史・石塚諭・大熊誠二編集著（2015）新しい「体つくり運動」の学習評価の実践―小・中学校の学びの架け橋となる学習評価を目指して』、創文企画．

NHK for School × タブレット端末活用研究プロジェクト（2018）タブレット端末を授業で生かす NHK for School 実践事例 62、NHK 出版、pp.110-117．

大後戸一樹（2016）ICT の活用で体育授業のコミュニケーションはどう変わるのか、体育科教育第 64 巻第 12 号、pp.26-27．

大槻朋広（2012）iPad でマット運動の学習成果を高める、体育科教育第 60 巻第 5 号、pp26-29．

白旗和也（2012）動画を通して運動を理解するデジタル教材の登場、体育科教育第 60 巻第 5 号、p.9．

鈴木直樹（2016）次世代における体育の ICT 活用、東書 E ネット、pp.1-5．

鈴木直樹・石塚諭・成家篤史・鈴木一成（2017）体育における ICT 利活用がもたらす「指導行動」変容に関する検討―新時代の体育指導におけるコミュニケーションの展望―、第 15 回臨床教科教育学会、pp.148-149．

3　体育におけるICT利活用の成果と課題

鈴木直樹・成家篤史・石塚諭・阿部隆行編著（2017）、子どもの未来を創造する体育の「主体的・対話的で深い学び」、創文企画、pp.150-151.

鈴木直樹・大熊誠二・石塚諭・野口由博・伊佐野龍司・上野佳代・川村尚人（2017）体育におけるICTの利活用ガイド.

筑波大学附属小学校情報・ICT活動研究部編著（2016）教科のプロもすすめるICT活用術、東洋館出版社、pp.90-113.

UNESCO（2010）ICT TRANSFORMING EDUCATION A Regional Guide, http://unesdoc.unesco.org/images/0018/001892/189216e.pdf（2018/07/11 取得）.

山崎功一（2016）動画再生アプリを活用する、体育科教育第64巻第12号、pp.38-41.

横尾智治・入江友生・合田浩二・徐広孝・登坂太樹・森裕紀・須釜洋勝（2017）ICTを活用した保健体育の授業実践, 筑波大学附属駒場論集56巻、pp.61-67.

吉井健人（2016）タブレットPCを活用し、思考・判断を促す、体育科教育第64巻第12号、pp.42-45.

第5章　体育におけるICT利活用の理論

4 体育におけるICTの利活用の系統性

鈴木直樹（東京学芸大学）

1．はじめに

「今のゲームを振り返って反省し、次のゲームに向けて作戦を立てよう！」
　このような声は学年を問わず、ゲーム・ボール運動の授業でよく聞かれます。先日、1年生の授業を参観した時も同様でした。
　1年生の子どもたちは、宝運び鬼をやっていました。攻撃側の3人が協力して、守備3人にタグをとられないようにしてゴールラインまで行くことができれば1点というようなルールでした。「先生の作戦を考えよう」という声掛けと共に、子どもたちは即座に話し合いをスタートさせました。そのような様子からはやる気が伝わってきました。そして、彼らは、「ながれぼし作戦」を計画します。
　これは図1のような作戦でした。

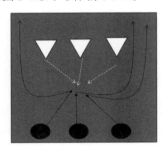

3人の攻撃側のプレイヤーが真ん中にゆっくりと集まっていきます。守備側も真ん中に集まってきたところで、いっきに外側に拡がり、大きく空いているスペースを駆け抜けて得点をするという作戦が、「ながれ星作戦」と名付けられたものでした。

図1　子どもが考えた作戦

　子どもたちのこの話し合いを傍らで聞きながら、1年生の子どももすごいなあと感心をしました。しかし実際には、ゲームが始まると子どもたちは、そんな作戦のことなど忘れ、スタートの合図と共に、目の前の子どもと1対1の対戦をしてすり抜けを試みていました。私は、「あれっ!?」と思いましたが、子どもの喜ぶ顔を見て、「ナイス・プレー」と声をかけていました。しかし、授業後、彼らのプレーのことが気になったので、その子どもたちに「今日の作戦は上手くいった？」と聞いてみました。すると、「うん。作戦は上手くいったよ！　おかげでたくさん点数が取れた」と話していました。しかし、現実には、立てた作戦のことは忘れ、その場その場での競い合いに興じていたのが現状であったと思います。

132

4 体育におけるICTの利活用の系統性

　これは、ゲーム・ボール運動の授業が、「ゲーム」―「話し合い」―「ゲーム」になっており、ゲーム自体は学年に応じてルールを変更する一方で、学びのプロセスは変わらない事実を示していると思います。一方で、そこで行われている話し合いが、先ほど挙げた一年生の例のように全くといっていいほど、機能していないこともあります。このようにやっていることは学年を超えて変わらないが、子どもが変化、成長することによって、その中身が変わるという考えが多いように感じます。しかし、本当にそうでしょうか？　これが、本節でICTの利活用の系統性を考える中核的な問いになっています。

2．ICT利活用の見慣れた風景…

　ICTの利活用と体育というと、すぐに頭に浮かぶのは、図2のように動きを撮影して分析するような場面ではないでしょうか？

写真1　倒立をしているところをタブレットで撮影している様子

　特に、器械運動ではよく用いられているように思います。3年生でも6年生でも、動きを撮影して分析してよりよい動きにしていくような利活用を行っているような授業をしばしば見かけます。

　しかしながら、知識基盤社会に生きる子どもにとって、これまで私たちが手にしてきた地図を手放し、新たな学びの航海をするための地図が必要となります。すなわち、超高度情報化社会・グローバル化社会に生きる子どもたちにとって、これまで求められてきた学びとは異なる質の学びが求められているといえます。

　ファデルら（2016）は、伝統的な学問を再編する重要性を述べています。その中で、そのポイントとして4点をあげています。1つ目は、「新しい社会の中でも重要となる他の学問にも及ぶメタ概念」です。2つ目に、「教科特有の学びのプロセスや学びを助けるメソッドとツール」です。3つ目に、「個人が向き合

第 5 章　体育における ICT 利活用の理論

うべき分野、主題、トピック」です。4つ目に、「他の知識分野との関係を明確にし、構成概念をより学際的にすること」です。伝統的な学問の学びの航海地図に慣れきっていると、こういった学問再編に向けての取り組みは大きな挑戦となるといえ、転換を起こすことが難しいともいえます。したがって、この再編を難しいと捉えると、複雑な知識や技術の全体構造を分解して、部分を教えるような指導が展開されます。このような指導では、学びは部分の集合体であって、完成に近づくまでその姿を理解することは難しいと思われます。すなわち、身に付けることが目的となり、本質的な価値を学ばずに、道具的価値のみが学ばれていくことになってしまいます。

例えば、ボール運動や球技のネット型の単元で、教えるべき本質的な価値は何でしょうか？

学習者は、境界線を隔てて、相手チームと入り乱れることなく、得点を競い合う喜びに触れることが本質的な運動の面白さといえます。この面白さに触れながら、学習者は、ボールを操作する技術を学び、ゲーム中の関わり方を理解していくことになります。すなわち、本質的価値に触れながら、道具的価値を獲得していくのです。一方で、ネット型のようなゲームを教える場合に、学習内容を分解して提示していくような指導では、道具的価値を教え、それが完成体に近づくことで、本質的価値に触れられるというようになります。すなわち、完成体に近づくことで本質的価値に触れられるので、そこに至らない場合、本質的価値に触れずに終わってしまい、実際には、そういった学習者が大半を占めているという状況が予想されるのです。そこで、常に学びの本質的な価値に触れながら、学びを深めていくような学びの航海地図が求められているといえます。

この4つの教育の次元では、表象しにくい一方で、全ての根幹になっているものが、「メタ認知」ともいえるものであると思います。ICT の利活用は、自分が学習して思考したことを思考し、学びに意味づける重要な役割を担うといえます。それは、他者に対して学習成果を視覚化しやすい一方で、自らは、学習成果を視覚化したイメージを持ちにくい体育にとっては非常に重要なツールになるといえます。しかし、そのメタ認知にも、子どもたちの実態に応じた系統性が必要であると考えます。

図2　4つの教育の次元
（ファデルら, 2016）

4 体育におけるICTの利活用の系統性

　市川（2002）は、ピアジェが主張した発達段階を下記のように整理しています。小学校低中学年期は、前操作期（preoperational stage）という段階であり、目の前にない物事事象を思い浮かべることができるようになり、象徴機能、表層機能が出現します。まだ論理的思考はできず、言葉の概念を抽象化、一般化することができません。主観・客観が未分化で他者の視点に気づかない自己中心性が支配的な時期になります。

　小学校中高学年期は、具体的操作期（concrete operational stage）という段階であり、現実の具体的なものや事象に関して論理的な操作が可能となる時期です。前操作期を通じて、次第に行動が内面化され、内面化した表象の過程においても安定した構造化がなされ、統合された全体構造をなすようになっていきます。これを基にして一慣性があり、論理的に考えることができるようになりますが、抽象的一般的な形式的思考はできません。加えて、少しずつ他者の視点に気づくようになり、自己中心性が減少します。

　小学校高学年から中学生になると、形式的操作期（operational stage）の段階となり、抽象的一般的な形で論理形式的に考えることができるようになります。この段階で、人間の思考は完成した働きが可能となります。形式論理による推理や科学的・実験的思考が可能となり、現実への適応だけでなく、未来へ向けての理想を志向する能力を獲得します。

　このような認識の発達と身体の発達を踏まえ、学習指導要領の内容も考慮した上で小学校1年生から高校3年生までの学習ステージを整理すると大きく4年ごとのまとまりで、三期に区分でき、さらにそれぞれのステージを前期と後期に分けて表1のように考えました。

表1　認知及び身体の発達に基づく発達段階

第1期	前期：小学校1・2年生	（7，8歳）
	後期：小学校3・4年生	（9，10歳）
第2期	前期：小学校5・6年生	（11，12歳）
	後期：中学校1・2年生	（13，14歳）
第3期	前期：中学校3年生，高等学校1年生	（15，16歳）
	後期：高等学校2・3年生	（17，18歳）

　この発達段階に照らし合わせ、ICTを活用した認知的な学習を考えるならば、子どもたちには、自由に遊び方や関わり方を創造する力をまず身に付けてほしいと考えます。その上で、他者へと身体を拡大し、コミュニケーションを豊かにしていくことが求められると考えます。さらに、協働していく中で思考し、物事を

第5章　体育における ICT 利活用の理論

批判的に思考していくような力が求められます。そして、その先には、体育を自らが創造し、意思決定しながら、学びを深めていくような機会できるようになると、授業は変化していくのではないかと思います。

また、それらにしたがって ICT を利活用する具体的な学びの姿を整理したものが表2になります。

表2　ICT 利活用する体育の学習者イメージ

		ICT 利活用で使う重点的なスキル
小学・低	積極的に身体活動を楽しみながら、直感的な意思決定の中で創造性を育み、具体的な身体活動を繰り返しながら、自己を見つめ、主体として考え、学んでいる。	創造性
小学・中	身近な仲間と身体的な活動を楽しみながら直感的な意思決定の中で創造性を育み、身体活動を主観的あるいは客観的に振り返りながら自己を見つめ、学んでいる。	創造性 コミュニケーション
小学・高	クラス全体の仲間と身体活動を楽しみながら仲間の動きや意見を参考にしながら意思決定をする中でコミュニケーション能力を育み、自分たちの身体活動を振り返りながら、協働の仕方を見つめ、学んでいる。	コミュニケーション 協働
中学	他者の違いを積極的に受け入れて身体活動を楽しみながら、学びを客観的に振り返り、思考する中で、批判的思考力を育み、自己にあった課題を見出し、協働して問題解決に取り組み、学んでいる。	協働 批判的思考力
高校	幅広く深い他者との交流を通して身体活動が楽しくなるように工夫しながら活動を省察し、よりよい問題の解決法を探り、他者とともに高めあいながら学んでいる。	調和のとれた スキル（4Cs）

表3　ICT 利活用の系統表

		小低	小中	小高	中学	高校
活動提示場面	活動を提示する	○	○	○	○	○
問題解決場面	撮影した動き(活動)を振り返って課題をつくる		○	○	○	○
	撮影した動き(活動)を振り返って分析し、改善する			△	○	○
	作戦ボードを活用して振り返り、次の活動を考える			△	○	○
評価場面	動画・静止画で学習成果を教師が記録して蓄積する	○	○	○	△	
	動画・静止画で学習成果を子どもが記録して蓄積する			○	○	○
	音声情報で学習のまとめを残す		○	○	○	△
	文字情報で学習のまとめを残す				△	○
	学習成果を統合し、まとめる				△	○
		小低	小中	小高	中学	高校

※「○」は利活用に適した段階であることを示します。「△」は子どもの実態に応じて選択することを検討すべき段階であることを示します。上記の学習者イメージを合わせてご利用ください。

4　体育におけるICTの利活用の系統性

　さらに、求めたい体育の学習者イメージを基盤として、各学年、学校種段階で求めていく活用方法について表3のように整理しています。
　以上のように、子どもたちの発達段階に適切なICTの利活用方法について整理してきました。とにかく使えばよいのではなく、その学年にあった適切な利活用をすることが、子どもたちの学習成果を高めていく大きなポイントといえます。表1～3を参考にしながら、授業でのICT利活用を考えていくことで、有効な授業実践におけるツールとしてタブレットが活躍していくものと思います。
　この考えを踏まえ、具体的な活用について第6章でみていきたいと思います。

【引用参考文献】
市川功（2002）ピアジェ思想入門、晃洋書房.
ファデル・ビアリック・トリリング（2016）21世紀の学習者と教育の4つの次元：知識・スキル・人間性、そしてメタ学習、北大路書房.

第6章

体育における
ICT利活用のアイデア

第6章　体育における ICT 利活用のアイデア

体育におけるICT利活用場面

鈴木直樹（東京学芸大学）

平成 26 年度からタブレットのアプリケーションのソフト開発に取り組み、そのプロセスで体育における ICT 利活用場面を整理しました。その際、現代の教育的課題を踏まえ、体育における ICT 利活用を次のように考えました。

> 「ICT は人と人とのコミュニケーションをより豊かにするものとなる必要がある。教育で ICT を利活用する意味は、人間的なコミュニケーションの創造にこそある。したがって、対話を生む ICT 利活用を考え、主体的な学びが展開するように発達段階に応じた使用をすることが大切である。」

そして、そのようなことを前提とし、ICT の利活用をする上での3つの心得を以下のように設定しました。
① 「あるから使う」という義務感ではなく、「必要だから使う」という必要感に基づいた利活用をすること。
② 運動時間を減少せず、運動時間を増加させるような利活用をすること。
③ 動きの改善に特化するのではなく、動きにおける気づきを促す利活用をすること。

体育で ICT を利活用したい3つの場面
① 活動提示場面
② 問題解決場面
③ 評価場面

活動提示場面
活動提示場面とは、ICT を利活用して、教師から学習者に直接的あるいは間接的に映像などを活用して情報提示をする場面である。

問題解決場面
問題解決場面とは、ICT を活用して問題解決に取り組む場面である。評価とセットで行われるが、即時的に活用されるものは問題解決場面として考える。

評価場面
評価場面とは、価値判断を伴う情報収集プロセスである。評価者は教師や子どものみならず、保護者など、すべてのステークホルダーが対象である。

1 体育におけるICT利活用場面

　この３つの心得にしたがいながら授業を構想し、ICTを利活用した授業実践を重ね、その利活用場面を整理したところ、前頁のような３つの場面が設定できました。
　活用場面ごとに整理して作成したリーフレットが以下の内容になります。

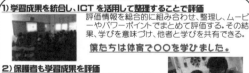

141

第 6 章　体育における ICT 利活用のアイデア

　小学校から高等学校まで、第 5 章で述べた系統性にあわせて実践を工夫して利活用した内容がリーフレットには示されています。本章では、それぞれの 3 つの場面における取り組みの具体的な姿を示し、体育における ICT の利活用像を具体的にしていきたいと思います。

問題解決場面

1) 話し合いの記録や映像を手がかりに問題発見
音声や映像の記録を手がかりとして、全体、個人やチームで視聴しながら、教師らの問いに基づいて思考し、問題を発見する。その結果、実際の学習場面でニーズのある問題発見につながる。

今日は〇〇するぞ！！

2) 話し合いの記録や映像を分析し問題解決
音声や映像の記録を分析し、活動を振り返り、活動の改善を考え、問題解決する。その結果、活動の成果を明瞭にチェックすることができ、スムーズに活動改善につなげることができる。

今の活動のよかったところは・・・

3) デジタルノートを活用して話し合いながら問題解決
デジタルノートを使い、協働して話し合い活動に取り組み、ホワイトボードや映像に書き込みをしながら問題解決する。その結果、繰り返して思考し、記録を残しながら、比較検討して話し合いを進めることができ、改善の方向性を見出すことができる。

電子作戦ボードを活用　　静止画にも書き込み！
よし、次の活動では、〇〇して進めよう！

4) 映像の撮り方を工夫しながら問題解決
仲間や対戦相手の映像を撮影するために、位置、角度、タイミングなどを工夫して撮影しながら問題解決する。その結果、活動の構造的理解が促され、認知的な学びが促進される。

この位置かな？　　どの場所で撮るのが一番いい？　　この角度は相手が映る！

5) ネットワークを利用し他者と協働した問題解決
仲間の気づきや学習成果をネットワークで共有しながら、クラス全体やチーム間で協働して問題解決する。その結果、対話的な深い学びを生み出すことにつながる。

アップロード！
あのチーム、こんなことやってる・・・
データをシェア

6) 可視化できないものを「見える化」した問題解決
心拍などの身体機能や仲間との身体活動における関係性など、可視化できないものを「見える化」することで、問題解決する。その結果、動きの指標が明確になる。

いいペースかな？

1　体育におけるICT利活用場面

　なお、2017年3月に東京書籍から発売された「体育実技スキルアップソフト」を中心に利活用し、実践を重ねていきました。

第6章 体育におけるICT利活用のアイデア

2 活動提示場面のアイデア
―思考ベースの学びに転換するために―

松田綾子（廿日市市立四季が丘小学校）

1．子どもたちの振り返りから

「ぼくたちがつくった遊び（動き）は、ちゃんと運動になっていました。考えることが楽しかったです」

これは、第2学年で行った「多様な動きをつくる運動遊び」での振り返りの内容です。

「ちゃんと運動になっていた」というのは第1学年で学習した、体のバランスをとる運動遊び・体を移動する運動遊び・用具を操作する運動遊び・力試しの運動遊びをもとに、子どもたち自身が仲間と関わりながら身体活動を楽しみ、直感的な意思決定の中で工夫したり組み合わせたりしながら動きを創ることができたと捉えています。

これまでの学習では、一部の子どもが「できるようになったこと」、つまり結果をもとに学びを価値づけていました。教師が示した動きを練習し、「鉄棒で前回りができたから楽しい」「3段の跳び箱が跳べなかったから楽しくない」等、「できる・できない」で体育の授業を振り返っていました。嬉しそうな笑顔の子どもたちの中に、それとは反対のうつむいた寂しそうな表情があったのです。

私は、授業を変える必要性を痛感しました。そこで、さまざまな試行錯誤を繰り返しながら、仲間と共に夢中になって、もっと面白くするために動きを工夫したり組み合わせたりすることを通して、結果的に身に付けさせたい基本の動きができるようになるという体育の学びの実現に向かいつつあります。振り返りも、一人ひとりの子どもたちが、学びの過程を通して自己を見つめ、考えることを楽しいと感じる内容に変わりました。

なぜ、子どもたちはこのように学びを振り返ことができたのでしょう。

どうして、子どもたちはこのような学びに向かうことができたのでしょう。

その答えは、活動提示場面におけるICTの利活用にあったのです。

2．活動提示場面における ICT の利活用で5つの「つなぐ」を実現！

「見せて！　見せて！」
「もう一回見てみよう！」

タブレットを使った授業ではこんな言葉が飛び交います。自分や仲間の動きを見ることから始まり、広がる学びはたくさんの可能性を秘めています。そこで、活動提示場面でのポイントを「つなぐ」という視点で紹介していきます。

(1) 十分な活動時間と子どもたちの活動意欲の向上・持続へつなぐ〜これから行う活動の一斉提示〜

第3学年で行ったタグラグビーの第1時のことです。子どもたちは、初めて耳にするタグラグビーとは何なのか、興味津々です。

「タグラグビーというからには、ラグビーが関係しているような気がする…」
「タグってどこかで聞いたことがある…」
「早く知りたい！　やってみたい！」

など、子どもたちはこれまでの知識や生活とつなげながら、いろいろにつぶやいていました。

さぁ、この後です。タグラグビーの説明をする際にルールや場について口頭で説明したとしましょう。

　これはタグです。全員タグを腰に一つずつ付けます。攻める方は、ボールをゴール地点まで運ぶことができれば点が入ります。ゴール地点は、ほら、向こうにコーンが置いてあるでしょう、あそこです。
　ボールを持ってゴールめがけて走りますが、敵のチームにタグを取られたら、その場で味方にパスをします。パスは自分より後ろの味方に出せます。前の味方にはパスは出せません。パスをしたら、取られたタグを返してもらって、つけてから続きをします。
　点が入ったら、また全員がスタートに戻ってから始めます。
　ボールがコートから出たら、出た場所からパスをして始めます。
　時間は3分間です。

第6章　体育における ICT 利活用のアイデア

　このような説明で、3年生の子どもたちは活動をイメージすることができるのでしょうか。一生懸命聞いていた子どもでも、頭の中にいくつかのハテナが飛んでいることが予想されます。また、最後まで話を聞くことができなかった子どもも少なくないでしょう。そんな子どもたちの様子を見て、教師は何度も何度も繰り返して、必要以上に言葉を付け加えて説明してしまいます。その結果、活動時間だけでなく、子どもたちの「やってみたい！」という意欲も消えていってしまう…とてももったいないです。

　では、このような場面で、「タグラグビーってどんなゲームなのか見てみようね」と実際の活動の映像を提示したらどうでしょう。子どもたちは、画面に釘付けになって映像を見て、タグラグビーの基本的なルールや動きについて理解します。教師が一生懸命説明せずとも、子どもたちは素早く活動をイメージし、活動に移ることができます。その結果、活動時間が十分に保障され、子どもたちの大好きなゲームを何度も体験でき、活動への意欲の向上・持続につなぐことができるのです。

(2) 気付きから見通しをもち、「やってみたい！」、「やってみよう！」へつなぐ
　　～これから行う活動の個別提示～

　一斉提示だけでなく、個人あるいはグループに応じた異なった活動の映像を提示することもできます。
　動きの工夫につなぐ気づきや見通し、活動への意欲を引き出すために、自分たちの活動の映像を提示する場合と他のグループの活動の映像を提示する場合とがあります。
　映像を見た子どもたちはさまざまに思考し始めます。
　いつもさまざまなアイデアを出して活発に取り組んでいるリオのグループに自分たちの活動の映像を提示すると、「自分たちはこんなにがんばっていたんだね」と学びに向かう姿勢を客観的に捉えていました。

146

2 活動提示場面のアイデア

そして、バランスと用具を組み合わせた、できそうでできない動きを創り出し、何度も夢中になって取り組んでいました。

仲間と一緒にいろいろな動きに挑戦しているユイは、他のグループの活動の映像を見て、「リョウくんたちのグループの動きはバランスがとれていてすごいなと思いました」という仲間が創った動きのよさや仲間のがんばりを認めていました。

小柄で大人しいミユは、「あの動き、どうやったらできるのかな？ やってみたいな」という運動への気付きや見通しにつながる、活動への意欲を高め、夢中になって何度も挑戦していました。

毎時間の授業の導入で「今日はこの運動をしよう！」という意思決定は、とても大切です。現実に技能差や性差がある中で、それらを解消し、自分の力を十分に発揮して活動に参加するためには、まずは、一人ひとりの子どもの学びに向かう意欲にスポットを当てることが重要であると考えます。

また、一人ひとりの子どもが持っている力を引き出し、運動の楽しさを味わうために、その子またはグループに必要なことを考え、焦点化した上で、そのことを子ども自身に気づかせるような映像を提示することも大切です。その提示する内容は、個人あるいはグループにとって本当に必要な中身となっていることが大前提です。今日は、どんなことをやってみたいか、どんなことに気を付けるのか、どんな工夫を取り入れるともっと楽しくなりそうかなどを子ども自身が思考・判断する状況を生み出す場となる提示を通して、自らが学びを深める場を創り出す力につなぐことができるのです。

実際に、活動提示後には、「今日はもっと面白い動きを創ったり考えたりしようよ！」「今日は、動きを合体させようよ！」などという言葉が聞こえてきます。そこには、教師から学びが与えられるといった受動的な姿勢や一方向的な学び方はどこにもありません。

（3）これまでの自分と今の自分と未来の自分をつなぐ
①前時の活動の一斉提示

低学年の子どもたちにとって、期間が空くと活動がリセットしてしまう場合が少なくありません。毎時間、活動内容とその振り返りを紙媒体で記録して残しておくのはとても大変です。

147

第6章　体育における ICT 利活用のアイデア

　そこで、前時の学びについての共通の活動映像を一斉に提示し、学習集団で共有します。そうすることで、どの子どもも安心して本時の学びのスタートラインに立ち、既習の内容をつなげながら具体的に本時の学びを想起させることが可能となります。

　「あー、あの動きやったね！」
　「バランスと移動を合体させようようとしたんだけど…。途中で終わったからまたやりたい！」
　など、子どもたちは、楽しみながら前時の学習をリアルに思い出します。思い出すことで、これからの学習意欲を高め、進んで活動できるようになります。また、映像を見ながら、「これは、どんな工夫をしているの？」「もっとおもしろくするにはどうしたらいいかな？」などの発問を投げかけることを通して、気づきや見通しをもって学びに向かうとともに動きを発展できるように促していきます。
　具体的には、授業での場面をもとに紹介します。
　「多様な動きをつくる運動遊び」の単元でねらいとする移動・バランス・用具・力試しの4つの動きを取り入れた「まねっこ遊び」の活動でのことです。

　前時の学習では、ジュンたちのグループはアザラシの動きをもとに、もっと楽しい動きを自分たちで考えながら試すところで授業は終わりました。動きとしては、お腹の下にボールを置いて体を前後に素早く動かしたり、ボールの弾みで体を上下に動かしたりすることを楽しんでいました。し

かし、この動きは子どもたちにとってあまりにも簡単で、退屈してしまったのです。そこで、もっとおもしろい動きにするために考えようとしたところ、時間切れとなってしまいました。
　「え〜。もうちょっとやりたい！」
　「先生、一生のお願いだからあと5分やらせて！」
　「一生のお願い」なんていう言葉が登場したのはこの時が初めてでした。

148

2　活動提示場面のアイデア

②前時の活動の個別提示

　前時の学びについて個人あるいはグループに応じて異なった活動映像を提示します。その結果、振り返ってほしい視点の個別化、明確化が図られ、ニーズに合った情報提供ができます。

　前述したジュンのグループには、前時のアザラシの動きを提示しました。

「これでしょ！」

と、ジュンは同じ動きをして見せてくれました。同じグループの女子たちも「できるよ！　簡単だもん！」とやってみせてくれました。

　「このアザラシの動きをもっと楽しい動きに変身できるかな？」と、投げかけてみると、子どもたちの思考が始まりました。

「これは移動と用具の動きだね…」
「ボールをお腹のところにするんじゃなくて…」
「どこにする？　足？」
「う〜ん…」

いろいろ試しながら辿り着いたのが、「ぴょんぴょんボールうさぎ」でした。

　これは、アザラシよりは難易度が上がっていたので、簡単にはできませんでした。同じ移動と用具を組み合わせて創った新しい動きは、回数を増やすというこれまでになかった視点もあり、子どもたちは、競い合いながら楽しむことができました。

　また、あるグループには別のアザラシの動きを提示しました。提示により、最終的に辿り着いたのがクモ歩きから足でボールを挟んでのクモ歩きです。

　子どもたちは、なぜ、この動きを創ることができたのでしょう。どんな動きを提示して、この動きにつなぐことができたのでしょう。

　くも歩きが苦手な子どもは、クモ歩き

149

第6章 体育におけるICT利活用のアイデア

で少し進んでは天井を見上げ、お尻を床につけてしまいます。お尻が床に付くと、「あ〜ぁ。ついちゃった」みたいなため息が出ているのを感じます。アザラシ歩きとクモ歩きの動きはともに子どもたちにとっては、あまり人気はないようです。

そのクモ歩きをやってみたい楽しい動きにつなげたのが、足でボールを挟んだ『新クモ歩き』でした。

電子黒板に提示したこの新しい動きから、子どもたちはさまざまに思考し、実際に動いていました。

「クモ歩きに似てるよね！」
「あー、たしかに！」
「ボールを足に挟むのと挟まないのでは何がちがうのかな？」
「やってみようよ！」
「手の向きはこれでいい？」
「逆の方がいいかも…」
「いろいろ試してみようよ！」
「うん！ やってみよう！」

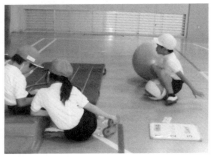

子どもたちは、一つの動きの提示から生き生きと学びに向かっていました。

(4)「いま―ここ」の学びを生かした指導へつなぐ

自分が活動している様子をリアルタイムで提示し、映像などのデータで活動中に確認します。

その結果、よりよい、即自的な意思決定につながります。

ユウヘイたちのグループは、提示されたクモ歩きの動きを通して得た気付きをもとに、さまざまに試しの運動を始めました。

ボールはどの位置で挟むのがよいか、仲間と一緒に考え、活動します。

その活動の様子をタブレットで見た子どもたちは、考え始めます。二つの動き

150

2　活動提示場面のアイデア

を見比べ、違いに着目し、自分たちも実際にやってみます。

その時に、「二つの動きはどこに力が入っているかな？」などの発問を投げかけると、またさらに子どもたちは深く考え始めます。

「膝を中心にしてボールをはさむようにするとね、膝に力を入れるからお腹にも力が入るよ」

「そうそう、そしたらおしりにも力が入ったよ」

「おしりが床に付かないようになるような気がする…」

「どっちもやってみて比べてみよう！」

このような過程を通じて、子どもたちなりの動きのよさや遊びの面白さを見付け、楽しむことができました。

そこで、さらに、別の活動の様子を提示しました。すぐに目に飛び込んでくるのは、ラグビーボールです。そこから、膝に力を入れていることにつながりました。

「ラグビーボールからやって、できるようになったらドッジボールにしたらいいね」なんて発言が聞こえてきます。

しかし、もう一つ、気付いてほしいことがあって、この活動を提示したのです。

それは、「手の付き方・向き」でした。

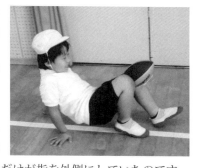

指の向きが外側と内側とでは、運動に違いが出てくるのかということについての思考が始まりました。このグループでは、ユウヘイだけが指を外側にしていたのです。

手の付き方・指の向きによってどんな違いがあるのか、子どもたちは興味津々でした。

「平らな床では、違いが分からないかも…」

と、マットや跳び箱等を使っての場の工夫も始まりました。

このような過程を通して、子どもたちは、腕を鍛えながら早くクモ歩きをするときや下り坂では指を内側にする、長くクモ歩きをするときや上り坂では指を外側にするという状況に応じた思考へとつなぐことができました。

その様子を見た他のグループも「おもしろそう！　やってみたい！」と進んで運動に意

151

第6章　体育におけるICT利活用のアイデア

欲的に取り組むことができました。

　このボールを挟んでのクモ歩きは、ボールを足に挟むことで目線がボール、つまり進む方向に向かい、子どもたちは自然とおなかや腿に力が入り、友達と動きを合わせたり、進んだり止まったりしながら楽しむ動きとして人気の動きになりました。

　ラグビーボールを挟んで活動していたユウヘイは、ボールを足に挟んでのクモ歩きは、足でボールをしっかり挟むことがポイントだと嬉しそうに教えてくれました。ラグビーボールを使った理由は、ドッジボールを挟むのが難しい場合にはラグビーボールを使った方がやりやすいと思ったからだそうです。面白い動きは、みんなができる動きであり、仲間のことを考えることにもつながりました。一斉提示によりある映像から、より工夫されたおもしろい動きへとつながりました。

　そして、この学びを通じて、子どもたちのクモ歩きの動きが変わりました。おしりをついている子どもの姿は見られなくなりました。

　クモ歩きという一つの映像から子どもたちは、自分たちで動きを創ることを通して、体を支えながら移動するという技能、楽しい工夫や場の設定につながる思考力・判断力・表現力、やってみようとする学びに向かう力、仲間のことを思いやる豊かな心を育むことにつながりつつあります。

(5) 準備運動を変え、効率的な学びにつなぐ

　授業の導入で、まず、サーキットをし、チャイムが鳴ってあいさつをした後、準備体操をするという光景がよく見られます。子どもたちにとって「1・2・3・4！」と掛け声をかけながら行う屈伸等の運動は決まりきった活動としてルーティン化されていると行っても過言ではないでしょう。子どもたちにとってかけがえのない授業の始まりの10分程度の時間を主運動とはあまり関係のない運動をして費やすのはもったいないです。

152

2　活動提示場面のアイデア

　第6学年のソフトバレーボールの導入で、準備運動を行う前に前時の活動の様子の一斉提示を行いました。提示した内容は、6グループのパス練習やゲームの様子を約2分間にまとめたものです。
「前の時間にこんな場面あったよね！」
「あった！　あった！」
　子どもたちは自分や仲間の映像を見ながら前時の活動を振り返っていました。このように共通の活動を一斉提示することで、前時の内容を具体的に想起させることだけでなく、活動を多様に確認させることができます。
　さらに、それぞれのグループのパス練習やゲームの様子をタブレットで確認しました。グループに応じ、異なった活動

映像を提示できるので、本時の課題として捉えてほしいグループに合った視点を明確にもつことができます。目線やボールの高さ、立ち居地など、子どもたちが見つけた気づきから自分そしてグループの課題を設定し、それらを解決するための運動を準備運動とすることにしました。内容はグループによって違います。映像から自分たちの課題を見つけ、その解決のための準備運動はゲームにつながるという位置付けです。
　実際に、6年生で行ってみたところ、振り返りで次のような記述が見られました。

> 　今日の体育では、まず、みんなで前の時間の活動を電子黒板で見ました。
> 　次に、タブレットで自分たちのグループのパス練習の映像を見ました。
> 　思ったよりハチャメチャでした（笑）。何とかつなげるためにワンバウンドでパスをした映像があって、「これ、よくない？」ってことになりました。なので、ワンバウンドパスをできるだけ長く続けるのを準備運動にしました。
> 　自分たちに合った準備運動が見つかってよかったです。

　このように、授業の導入で活動映像を一斉・個別提示を組み合わせて視覚化す

第6章　体育におけるICT利活用のアイデア

ることを通して、活動を多様に確認することができ、グループに合った準備運動を行うことができました。前時の活動の提示をきっかけに子どもたちの学びを効率的に動機づけることができます。

3．活動提示場面でのICTの利活用を通して見えてきたこと

活動の映像の撮影・提示・共有は、鈴木らが開発した「体育実技スキルアップ支援ソフト」を利活用することで、子どもたちは簡単に操作して自分たちの動きをさまざまな角度から撮影し、共有を図ることが可能になりました。

「ICTは学習ツールではなく、コミュニケーションそのものである」

これは、体育の授業にICTを取り入れることを試みたときに出会った、鈴木の理論です。実践を重ねるごとに、この言葉の意味と深さを少しずつ理解できるようになってきました。

活動提示場面での情報提示は、子どもたちに情報を「伝える」だけでなく、仲間と共に運動の仕方やルール、解決したい課題を「共有」し、学びへ向かう動機づけと意欲の向上へつなぐきっかけづくりとしての役割を果たします。運動の仕方やルールを理解し、解決したい課題を共有することで、子どもたちは安心し、自信をもって仲間と共に楽しく活動に取り組むことができると分かりました。

一方で、こんな場面がありました。

いつも一生懸命運動に取り組む2年生のユウカが活動提示の後で今までとは違う浮かぬ顔をしていたのです。40人の中でたった1人、不安そうな表情をしていました。

その時間は、一緒にエリアを回り、いろいろな遊びを試してみました。一緒に

2　活動提示場面のアイデア

やってみたりしました。そうしているうちに、授業は終わってしまいました。

　ユウカの表情がどうしようもなく気になって、その日の放課後に連絡をしてみたところ、こんな言葉が返ってきました。

> 　ユウカ、決めれなかったんよ。どれも面白そうで、どうしよう、どうしようと思って、どれにしよーって迷いすぎて。そしたら終わっちゃった！
> 体育がもう一時間あったらいいのにって思ったよ。

　私はこの時に、活動提示の難しさを痛感しました。その時は3つの遊び場を提示したことで、子どもたちが活動を素早くイメージし、やってみたい！につなぐことを期待しましたが、迷いを生じさせてしまったのです。

　子どもの学びに寄り添いながら活動提示場面での情報提示の工夫を考えていく必要性を感じました。

　子どもの学びを豊かにするICTの利活用についてこれからも楽しみながら探っていきたいと考えています。子どもの笑顔とともに。

第6章　体育における ICT 利活用のアイデア

3　問題解決場面のアイデア

鈴木直樹（東京学芸大学）

1．はじめに

　平成 28 年 12 月に出された中教審の答申では、「人工知能がいかに進化しようとも、それが行っているのは与えられた目的の中での処理である。一方で人間は、感性を豊かに働かせながら、どのような未来を創っていくのか、どのように社会や人生をよりよいものにしていくのかという目的を自ら考え出すことができる。多様な文脈が複雑に入り交じった環境の中でも、場面や状況を理解して自ら目的を設定し、その目的に応じて必要な情報を見いだし、情報を基に深く理解して自分の考えをまとめたり、相手にふさわしい表現を工夫したり、答えのない課題に対して、多様な他者と協働しながら目的に応じた納得解を見いだしたりすることができるという強みを持っている。」（中央教育審議会、2017）と記されています。これは、未来の予測が困難な程、変化の激しい時代に生きる人々へ自ら未来を切り拓いていく力を求めているといってもよいでしょう。

　また、平成 29 年 3 月に改訂された小学校学習指導要領の総則には、「児童が各教科等の特質に応じた見方・考え方を働かせながら、知識を相互に関連付けてより深く理解したり、情報を精査して考えを形成したり、問題を見いだして解決策を考えたり、思いや考えを基に創造したりすることに向かう過程を重視した学習の充実を図ること。」（文部科学省、2018）とあります。このように、情報化が進み便利になる世の中だからこそ、思考する人間が求められているといえます。

　ところで、Bunker&Thorpe（1982）によって社会構成主義に立脚する指導アプローチとして提唱された「Teaching Games for Understanding: TGfU」は、日

3　問題解決場面のアイデア

本の体育にも強い影響を与え、平成20年に改訂された学習指導要領からボール運動・球技の内容が、型ゲームとして示されるようになりました。この指導アプローチは、技能を身につけて、それを工夫してプレーをするのではなく、「今もっている技能」を使って工夫してプレーをする中で上手になっていくというアプローチです。すなわち、自らを知り、自らの力を最大限発揮する為に考えることを基盤にして学びが深まっていくようなアプローチで、思考することが重要視されています。しかしながら、体育での思考は形式的な話し合いが多く、実際の活動と強くリンクすることが難しかったように思います。

　例えば、小学校1年生の宝運び鬼（4対4）で、チームで作戦を立てていました。そのチームは「4人で団子になってディフェンスに向かっていくことで、ディフェンスが固まって近づくから、一気に拡がって全員が鬼にタッチされないように目的地まで行こう」というものでした。なかなかよく考えるものだと驚きました。

　しかし、いざゲームがスタートすると、その子どもたちは目の前にいるディフェンスと1対1で勝負を初めてしまいます。結果的には全員が得点をすることができましたが、作戦のことはすっかり頭から抜けてしまったようでした。

　試合後、その子どもたちにインタビューをしてみました。私が「作戦は上手くいった？」と尋ねると子どもは、一斉に大きな声で、「上手くいった！　4点とれたもん‼」と話しました。このように、話し合った作戦と実際のプレーが結びつかず、試合の前後の話し合いにも生かされていないような事例を頻繁に見かけます。

作戦会議

ゲームの様子

　これは、体育という教科の特性ともいえますが、学習した成果を記録に残すことができず、対象を頭の中で思い浮かべて、イメージで思考していくために、それが現実とはズレてしまうことが多いのだと思います。このように問題解決をしていく思考情報とその共有の仕方には大きな課題がありましたが、それを埋めて

157

第6章　体育におけるICT利活用のアイデア

いく可能性があるのが、ICTの利活用にあると思います。

2．映像の記録を活用した問題解決

(1) 映像をみて問題発見

　小学校6年生のベースボール型の授業でのことでした。子どもたちが授業中に撮影したゲームのビデオがチーム毎に複数、サーバーにアップロードされており、教師は、次の授業の前にそれをチェックしていました（1つのビデオの撮影時間は1分間に限定）。

　そして、その中からチームとして課題になっているところが際立っているものを抽出し、その動画に発問をタイプして加え、各班のタブレットに返却しておきました。この学級では、タブレットを体育授業で導入する前は、全体で集合し、教師が前回の学習を振り返らせるために、何人かの子どもたちに発表をさせ、共有し、その言葉を使って、全体で目標を確認していくようなスタイルが一般的でした。しかし、タブレットを使うようになってからは、「各グループで前時の学習を振り返ろう」と伝え、その後はグループ毎に話し合うようなスタイルに変化していきました。この話し合いでは、教師が事前に配布しておいた子どもたちが前時に撮影した映像と、それと関連する教師が書き込んだ発問を手がかりに展開されるものでした。子どもたちにとっては、プレーを動画で観る中で、実際のプレーが想起され、質問によって、そのプレーを考えさせられ、解決すべき課題がクリアになっていったように思います。子どもたちはゲームにおいて言葉として表出できないまでも、それぞれの考えを前意識的には有しています。それを、動画情報と教師の発問によって導いた事例といえます。教師も授業中には、全てのチームに目を配ることはできませんが、授業後に各チームの短い映像を少しずつ観ることは大きな負担ではな

158

3　問題解決場面のアイデア

く、むしろ子ども理解を深めることができ、次の授業に生かすことができるという意味で楽しいと話していました。

　また、「うそー！」…こんな声を時折、授業中に聞くようになりました。これは、自分の思っている世界と現実の世界のギャップへ驚き、口にされた声です。例えば、こんなことがありました。

　ネット型の授業に取り組んでいた時のことでした。タカシは、上手にボールを仲間に渡しているのに、なんでボールをつないでくれないのか、少し苛立っていました。タカシは、リーダー的存在で、周囲もそんなタカシ

に対して申し訳なさそうに、ゲーム中に「ごめん」を繰り返していました。そのような時、ゲームをタブレットで撮影して振り返る機会がありました。タカシは、その映像を見て愕然とします。なぜなら、タカシが仲間に渡しているボールは、とりにくいボールで、タカシは友達ではなく、自分のプレーがダメだったことに気づいたからでした。タカシは、そんな自分を反省し、どうやれば上手くパスできるかを練習するようになりました。このように、自分でイメージしている感覚と実際の動きにはズレがあります。ICT を利活用することで、実際の動きを目にすることができ、その感覚とのズレに気づくことができます。これは ICT を利活用する上での大きな利点であるように感じています。

　このように ICT を利活用することで、活動を視覚化することができ、イメージと現実のギャップに気づくことで問題を発見することもできます。実際、この授業でタカシのグループは、相手のことを考えて、ボールをつなぐことを課題とするようになり、協力して上手に相手コートにボールを返すようになっていきました。

第6章　体育における ICT 利活用のアイデア

(2) 撮影する場所を考えることによる問題解決

　小学校3年生のネット型ゲームでの実践でのことでした。グラウンドボールと称し、2チームが分離した二つのコートに分かれ、ボールを転がして攻防を繰り広げ、コートの一番後ろのラインを越えれば得点というゲームを遊んでいました。プレイヤーは3対3で、一人が外側で映像を撮影していました。

　最初の内は、タブレットを使う前にプレーをしない選手が立っていたコートサイドから撮影していましたが、それが後ろ側になり、斜め横になり、中には少し上からとりたいということで、ステージの上に立って撮影する子どもも出てきました。これは、何を記録に

残したいのかという対象が明確になってきた証でもありました。撮影する前までは、応援の為に、コートの横で声をかけるのが一般的でしたが、撮影をして、それを活用するようになって、活用する為に生かすことができる映像を撮る為に工夫をするようになりました。

　そして、ゲーム構造やチームの特徴の理解によって、それをどこから撮影すればよいかを深く思考するようになり、そこで問題解決したことによって撮影のポジションが変化していくという様子がどのチームにも観察できました。

(3) 映像をみて問題解決

　「なんで先生知ってるの？」…驚いたようにヤマダ先生の顔を見たのはコウジでした。これはベースボール型ゲームの授業で私がみたワンシーンでした。各チームは、ゲームに向けて作戦会議を行っていました。その後、ゲームを行ったわけですが、ヤマダ先生は、コウジの所属するチームの作戦会議に参加していたわけではありませんでした。しかし、コウジのチームが立てた作戦は、電子ノート上

3　問題解決場面のアイデア

にメモと図が書かれた上、その説明が音声情報に
よって記録され、アップロードされ、教師用のタ
ブレットに送信をされていました。そこで、ヤマ
ダ先生は、コウジたちがゲームをする場所に移動
する前に、その内容を確認していたのです。

　ヤマダ先生は、バットレスゲームをしているコ
ウジたちの試合を見ながら、「守備位置をよくみ
て、返球に一番時間がかかりそうなところにボー
ルを投げて進塁する」という作戦ができているかどうかを尋ねました。それを聞
いて、自分達が内緒で決めたと思っていた作戦を知っている先生にびっくりして
出たのが先ほどの言葉でした。授業中に全てのチームの話し合いをまわることは
難しいですが、その話し合いの内容を知らない場合、「みんなの作戦は何？」と
いうようなやり取りから始まり、チームの取り組みを知ることで終わってしまう
ことも少なくありません。しかし、このように事前に作戦を知っていれば、その
作戦を巡っての問題解決に直接働きかけることが可能です。ICTの利活用により、
子どもの問題解決を教師が支援することを助けることができるのです。

　また、映像というのは、自分のプレーしている状況を明瞭に蘇らせてくれるも
のです。例えば、ゴール型の授業で、「空いているスペース」に移動してボール
をもらいにいくことを課題にしてゲームをしていたチームがありました。この

161

第6章　体育におけるICT利活用のアイデア

チームは、技能の高低に関わらず、自由に発言ができる雰囲気で、特定の子どもが中心になってリードするというよりも、みんなで意見を出し合うようなよい雰囲気の中でゲームを進めていました。ゲーム中にビデオを撮り、それを活用して振り返るということをしていました。チームで目指す動きとして、サポートが掲げられ、問題解決すべく、ゲームで工夫していましたが、ある時こんな場面がありました。

ソウタ「あいているスペースに移動しているのに、ボールが来ないよ」
チカ「えっ、あいてる？」
ショウコ「私も空いていると思うんだけどな？」
チカ「私には見えなかったよ…」
ソウタ「おかしいなあ」
ショウコ「周りをよく見た方がいいんじゃない」
トオル「ねえねえ、これみてよ！」
ショウコ「えっ！」
ソウタ「えええええ！」
トオル「こういうことだったんだね」
ショウコ「私が最初に移動しようと思った時には、空いているけど、チカさんが私の方を意識した時にはディフェンスがいる…」
ソウタ「ぼくもおんなじだ」
チカ「そうか、空いている場所に移動してもいつまでも空いているわけじゃないんだ。私が素早くみつけなきゃいけなかったんだ」
ソウタ「チカさんだけじゃないよ。ぼくもディフェンスが来たら位置をかえないといけなかったんだ。安心して、待ってた。待ってるだけじゃいけないんだね」
ショウコ「そうだね。意識してどこに移動すればいいかを常に考えていないといけないね」
トオル「じゃあ、次はボールをもっている人は、できるだけ早く空いている人をみつけるし、ボールをもっていない人は空いているスペースに動き続けることを意識してゲームをやってみよう」

このやりとりの後、このチームのボール運びは、とてもスムーズになっていきました。自分たちがプレーしているときは夢中になっており、冷静に状況を把握

3　問題解決場面のアイデア

することは難しいもので
す。そこで、映像などを使っ
て、自分たちの活動をみる
ことで、行為主体であるプ
レイヤーにはわかりにくい
ことも、見えてくることが
あるのかもしれません。

そして、この振り返りの
活動を見ていて驚きだった
のは、問題状況を提示した
トオルが、すばやく問題場面をビデオの中から提示したことです。こういった取
り組みをする前、危惧していたのは、見たい場面を探すことに時間がかかってし
まい、話し合いが停滞するのではないかということでした。しかし、実際には、
子どもたちは、見たい映像場面をすぐに見つけ出し、話し合いに入れるものです。
大人が心配している以上に子どもたちはタブレットなどの情報機器を使いこなし
ているものだと思います。

3．話し合いの記録を活用した問題解決

(1) 話し合いの記録を振り返って問題発見

　マツイ先生のクラスの体育の授業スタイルは、全体で目標を確認し、活動して
一斉に振り返り、全体で振り返りを共有するというものでした。しかし、ICTが
導入されてから、少しスタイルが変化してきました。

　例えば、縄跳びが得意な子も苦手な子も混合されたグループで、二本の縄を使っ
て、「みんなが楽しく活動する」ことを目指していた授業の時のことでした。最
初に課題を確認するところは一緒なのですが、その後、活動が始まった後、振り
返りの時間は、班ごとにそれぞれでした。各チームが計画した実践をやってみて、
活動が停滞したタイミングが話し合いの時なのだそうです。グループの仲間は、
もっと面白くするためにはどうしたらよいか、グループの仲間は皆、楽しめてい
るかどうかといった視点で振り返っています。そして、その振り返りは、文字や
描画情報と共に記録され、アップロードされていきます。教師は、その情報を確
認し、共有したいと考えた内容は、全体のタブレットに送信して共有していきま
す。そのような取り組みをしていた時のあるグループ（Aグループ）の変化を紹
介します。

第6章　体育における ICT 利活用のアイデア

　これまでの体育は、みんなで同じ活動をすることが多かったこともあり、Ａグループは、グループのみんなが楽しめるようなグループ共通の活動を探し求めていろいろ試していました。しかし、グループには、上手に縄を跳べる子もいれば、そうでない子もいます。そのような中で、なかなかみんなが夢中になれる活動は見つからずにいました。夢中になって活動できる子もいれば、そうでない子もいるような活動が続いていました。

　そんな時、タブレット上で、他グループの話し合いを聞きました。そこには、「技能の高い子も、技能の低い子もみんなが同じ活動をして遊ぶのは難しい…」と自分達と同じ思いをもつグループがいました。そして、そのグループは、「みんなが同じことをやるのは難しいのではないか…」と話し合っていました。その話し合いの記録を聞いて、Ａグループは、「そうか！　そんな発想なかったけど、違うことやってもいいんじゃん！」と声をあげます。そして、自分の力であった跳び方をすればいいと活動を展開していきます。跳ぶ方法を変えてみたり、一緒に跳ぶ人数を変えてみたり、回すリズムを変えるなどして、自分が挑戦していくもっとも面白い縄跳びを目指すようになります。それを整理し、跳び方を変える視点として、「人数」「縄のスピード」「入り方」「入ってからの中での活動（じゃんけん、キャッチボール、ドリブル）」など、観点を整理し、記録し、アップロードしていました。その情報が共有されると、他のグループでも遊びのバリエーションが拡がり、体育館には勢いのある縄跳びの遊び場が生まれていきました。情報がよりよく共有されたことによって、イキイキと遊ぶ子どもたちの姿が生まれたことを実感した瞬間でした。

(2)　デジタルノートを使って話し合って問題解決

　デジタルノートでは、簡単に背景を変えることができ、自分たちがプレーしたいコートを元にして話し合いを展開することができます。また、映像の上にも書き込むことができ、話し合いが活発になっていくように感じました。デジタルノートの良さは記録して、それを比較することも容易であるということだと思います。そして、仲間や他のグループの話し合いを簡単に共有できることだと思います。過去と現在の情報をつなぎ、他者との情報をつなぐことで、自らの情報がアップデートされていくような学びをデザインすることができます。

　学びも情報化の時代だと思います。体育は、同じ動きを反復練習して体に覚え込ませるようなイメージを持つ人は今でも少なくないように思います。しかし、そういった身体観は、社会に適応していくような学び観の中でこそ生きるものだ

3　問題解決場面のアイデア

と思います。現代のように変化が激しく予測不可能な時代では、創造性豊かな未来を創り出すことのできる身体がもとめられているのだと思います。すなわち、過去を生きてきた「いま―ここ」の私が、他者と豊かに協働し、新しい未来を創り出していくような学びです。

　このような時代を支えることができる学習カードとして、アナログの紙ベースの学習カードではなく、デジタル情報としての学習カードが、学びのネットワークを構成する上でも役立つことといえるのではないかと考えられます。

4．おわりに

　ICTの利活用によって、体育における問題解決も変化をみせてくるように思います。ICTを利活用することによって、これまで視覚化できなかった学びの実際や話し合い活動などを「見える化」することができます。この「見える化」によって、具体的な思考を導き、深淵な学びの未来を導くことができるのではないかと思います。

　本節の結びに、「学びの見える化」によって変化があった一例を紹介します。

　最近では、ハートレートモニターを時計ではなく、タブレットで受信できるようなものがあります。一度に16人までの心拍数を受信することができ、それをモニターに表示し、その心拍数に基づき、強度を色で表示してくれます。この色分けの設定は、変更可能ですが、今回、中学生で行った実践では、180泊以上は赤、150-179拍はオレンジ、130-149拍は緑、それ以下は青としています。今回は、自分の快適ペースで走ることを目的としており、130-149拍のペースで走ろうということを目指しました。

　活動はモニターが見やすい屋外の場所で実施しましたが、どうしても建物をまわって走る関係で、一度、ハートレートの受信が途絶えてしまうような設定になっていました。その授業では、見学していた子どもがいましたが、その子は、今までの授業ならば、「頑張れ！　頑張れ！」と応援することに徹していましたが、今回の授業では、初めてハートレー

第6章　体育における ICT 利活用のアイデア

トを使用するということもあって、その数値に興味津々でした。そして、走っている子どもたちの様子を見て心拍数をあてるようになっていました。建物の陰から子どもたちから現れると心拍数を受信するようになりますが、時間にはギャップがあるので、クイズであるかのように、彼らが、「〇〇〇拍くらいかなあ」と話すと、その後にモニターに数値が表示される感じです。ランナーはそれを見て調整しながら走り続けるわけですが、その時に驚いたことが起こりました。

　普段、周囲の子から「もっと頑張って走れ」といわれていたケンジがいました。彼は肥満気味で、走ることが苦手な子でした。その子が建物の陰から現れた時です。見学者の子は「90拍位かなあ…」「いや120拍くらいはあるんじゃない？」と話していました。そして、表示された値は、なんと「160拍」でした。見学者は慌てたように、「ケンジ、ペースを落として」と言い始めました。ケンジが通り過ぎると、見学していた子は、「俺たち誤解してたよな。ケンジは、すごい頑張ってたんだ。あやまらないと…」と話し始めました。見学していた子は、持久走が終わると、ケンジに駆け寄り、「お疲れ、頑張ったな。でも、もう少しペースを落とさないとね」と声をかけていまいした。私は、いつもとは逆のことを言う彼らに、なんだかにやけてしまいました。しかし、「見える化」することによって、ケンジの学びが認められたことに嬉しさも感じました。

　その後、ケンジの学習の振り返りに、「自分のペースで快適に走る心地よさを感じられて、今回の持久走の授業は今までの持久走の中でもっとも楽しかった」と綴られていたそうです。
　ICT による見えない成果の

3　問題解決場面のアイデア

「見える化」は、新しい問題解決のカタチを私たちに与えてくれるように思います。新たな可能性を目指し、一歩を踏み出していく勇気をもつことが必要だと考えます。

【参考文献】
Bunker, D., and Thorpe, R., (1982) A model for the teaching of games in secondary schools. Bulletin of Physical Education, 18(1), 5-8.
中央教育審議会（2017）幼稚園、小学校、中学校、高等学校及び特別支援学校の学習指導要領等の改善及び必要な方策等について（答申）.
文部科学省（2018）小学校学習指導要領.

第6章 体育におけるICT利活用のアイデア

4 評価場面のアイデア

石塚　諭（宇都宮大学）

1．はじめに

　ICT機器を活用する際に「何のために使うのか」という目的が曖昧になることがあってはいけません。本節では、特に、評価場面での活用について焦点をあて考えてみたいと思います。そのために、まず、評価とは何か？ということについて読者の皆さんと共通理解を図りたいと思います。
　宇土ら（1992）は、学習評価の意義として、以下の3点を挙げています。

①児童生徒の、学習者としての自己理解・自己評価を助けること。
②教師自身の指導の成否を確認し、その指導をいっそう合理的、効果的にするために生かすこと。
③指導要録の記載その他の必要を満たす上で活用する。

　鈴木ら（2015）は、この3点の中でも、①と②で示された「学習者の自己理解・自己評価」と「教師の指導の成否の確認」が重要であり、③は補助的な役割であると述べています。つまり「教師や学習者が評価という行為を行うことによって指導や学習を変化させていく」（鈴木ら、2015）という考えに立ち、評価を「ある目的に到達するために、現状を確認し、その先の学習や指導について考えていくための情報収集プロセス」と捉えているのです。そのために教師は、学習者の動きを意味解釈し、学習者の自己実現を支えていくことが求められているといえます。
　しかし、評価は、教師のみが行う行為ではありません。鈴木ら（2015）は、「評価者とは、教師や子どものみならず、保護者など、すべてのステークホルダーが対象になる」と述べています。つまり、ステークホルダー相互の評価行為によって、学習者の自己理解・自己評価を支えていくということが、評価の基本的な考え方であるといえます。そこで、本稿で取り上げる評価場面とは、「評価者が価値判断を伴う情報収集プロセス」とします。
　次項からは、「評価者が価値判断を伴う情報収集プロセス」においてどのよう

にICT機器を活用し、学びを深めていったかということを実践例から紹介していきます。その過程で、今後のICTのよりよい活用に向けた成果と課題を皆さんと共有できれば幸いです。

２．個人やチームの気づきを評価するアイデア

　ボール運動における学習者は、ゲーム中に様々な情況に直面し、試行錯誤しながら多くのことに気づいていきます。ボール運動の授業では、ゲームに勝つ方法を考えることや自チームの問題を解決するための戦術的な気づきは、貴重な学習内容であるといえるでしょう。この気づきを「なるべく新鮮なうちに、その場で収集したい」という思いを実現するために活用したのが、タブレット型のICT機器を用いた「自撮り」や「ゲーム解説」です。

(1) 授業の概要
①単元名：キャッチバレーボール（ボール運動：ネット型）
②対象：５年生32名（男女各16名）
③目的：・ネット型の競争目的を理解し、課題解決の方法を工夫し、ゲームの中で生かすことができる。
　　　　・どのようにゲームに参加したいかという個の思いをもち、ゲームの中で自己実現を図ろうとする。
④単元計画（全９時間）

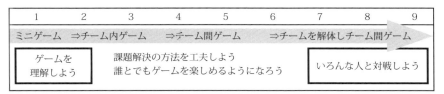

(2) 学びの方向性
　ネット型ゲームの競争目的は、ボールを相手コートに移動することです。この目的を達成するためには、ボールを自分たちのコートに落とさないように操作しながら、相手の守備を突破するという課題を解決しなければいけません。つまり、「落とすか・落とさないか」が、この型の攻防の中心であり、おもしろさであると考えました。
　そこで、よりシンプルに課題を浮かび上がらせるため、単元の最初に少人数で

第6章　体育における ICT 利活用のアイデア

構成された「落とすか・落とさないか」を競い合うゲームから始めます。単元の前半は、競争目的と課題を理解することを目標として設定します。十分に競争目的を理解したところで、対戦する人数を 3 人程度に増やし、競争課題を解決することを学習内容の中心に考えます。その際の視点として、「どこに」「どこから」「どうやって」ボールを送り出すかということを想定しておくと、同時に守備の視点も生まれてくると考えます。この視点をもとに ICT 機器を活用し、気づきを収集する中で、学習課題の解決を図ることを目指しました。

(3) 新鮮なうちに「気づき」を収集する

本実践は毎時間ゲームを中心に進めていきます。ゲームの過程で、問題に対する解決の手がかりが見つかった学習者は、ゲーム直後の待ち時間に、タブレット機器を用いて、自分を撮影しながらゲーム中に気づいたことや問題解決の方法を語ります。タブレットは、あらかじめ決まった場所に置いておくことにして、自分が空いている時間は使用可能という緩やかなルールを確認しておきました。授業では、たくさん自撮り映像を残す子もいれば、なかなか残せない子もいました。そこで、はじめのうちは「授業中に 1 度は自撮り映像を撮影し残しておこう」

自撮りのイメージ

という約束も追加しました。徐々に慣れてきた子もいたようで、映像からは緊張した様子も見られなくなっていきました。

ネット型の授業で学習者が残した自撮り映像は 10 〜 20 秒程度です。提出された自撮り画像には、以下のような気づきが収録されていました。

・相手の体勢が整う前に攻撃するのが大切だと思いました。そのようにするためには、相手が打った球をそのまま直接打ち返すことが重要だと思いました。

・得点を決めるには、強く地面にたたきつけるように高いところからスマッシュを打った方がいいというのがわかりました。

・相手には高いボールを上げるととても捕りにくいということがわかりました。

> ・ネットの前から返すといろいろなところに落とすことができるのでいいと思います。でも、ネットにかかる危険性があるので、なるべく高めのボールを打って、相手コートの奥を狙うようにします。

「自撮り」では、各学習者がゲーム情況から気づいたことをその直後に収集するため、リアルな語りが蓄積できます。いわゆる「一発返し」も情況によっては有効な手段になることなどが語られています。これらは教師用パソコンに蓄積し、場合によってはプロジェクターを通じて授業中に視聴することもあります。

(4)「自撮り」から「解説」を入れた評価へ

この方法に慣れてくると、撮影する対象を自分からゲームに変えて撮影するようになります。つまり、「自撮り」を乗り越えていくのです。例えば、「私たちのチームは、相手が構える前に攻撃するとよいと思ったので、なるべくはやくボールを繋いでコートの奥の方を狙っているところです」というように自分たちのプレイに解説をしながら撮影するのです。授業では、この映像を活用し、それぞれの学習者が感じる課題を共有したり、差異を抽出したりすることに活用しました。また、次時の冒頭に用いて全体の課題や方向性を議論する際にも使用することができました。

〈解説〉いまユウタくんがやっているように捕ったときにすぐに投げ返すと相手がバランスを崩しやすくいいです。失敗するときもありますが、結構成功します。

〈解説〉私たちは、フェイントをするとやりやすい、下に落としやすいことがわかりました。こんな感じです。(ここでゲームの映像に切り替わる) いかがでしょうか?

学習者が、即興でゲームを見ながら解説を入れるということは、なかなかできません。まず、チームの方針や戦い方、作戦などを理解していることが前提にな

第6章　体育におけるICT利活用のアイデア

ると考えます。そのため、解説を入れるという活動は、しっかりとした理解に基づいた行為といえるでしょう。言い換えれば、評価の視点に基づきながらゲームを撮影しているということです。ただし、学習者によって気づきの段階が異なるので、全員に解説を入れることを求めたわけではありません。だんだんとそのようになっていったのです。その結果、見る活動を通して思考を促進し、次のゲームにつながる改善策を見出すことができるようになったと感じています。

(5)「撮る位置」「蓄積する」ことの意思決定

　「自撮り」から「解説」へと撮る対象が移る過程で大切にしたいのが、どの位置から撮るかという意思決定です。つまり、教師が撮る位置を決めるのではなく、学習者が意思決定するということです。器械運動系や陸上運動系の授業では、個々の課題に応じて撮る位置が定まってくることが予想されます。そのため、撮影者が課題を理解しているかどうかということが問われ、位置や角度タイミングなどが重要になるといえます。ボール運動系などは、情況に応じて動きが目まぐるしく変わるため、撮影者が、あらかじめ「何をどのように撮るか」ということを想定しておくことが必要になります。そのような意思決定そのものが、評価にとって大変大切なものになります。

　単元の最初のうちは、見やすい映像が残せないかもしれません。それは、撮る位置が定まっていないということで、徐々に課題や残したいことが明確になると予想されます。それと同時に、適切な位置や角度、タイミングを意思決定できるようになるのです。教師は焦らず、この撮影する視点が定まってくるプロセスを大切にする必要があると考えます。このプロセスこそ、評価場面での学習者の成長であり、次の学習につながっていく内容であるといえます。

　さらに、学習者に求める意思決定として、最終的に「何を蓄積していくか」ということを挙げたいと思います。学習成果を蓄積し、変化を評価するために何を蓄積するかという意思決定です。そのためには、課題やテーマを理解しておくことが前提になります。感覚的に「よかったから」ということではなく、明確な意図をもって映像を蓄積してくということが大切になります。その意図が評価の視点であると考えます。評価の視点を他者と共有することで、何を蓄積するかという意思決定が精選されていくものと考えます。

(6) ミーティングを評価する

　体育の授業では、グループなどで話し合いや振り返りを行うことがあります。

4 評価場面のアイデア

ミーティングのイメージ

　この認知的な学習の時間は、教師が見て回ったり、ワークシートに書かせたりして評価していくことが通常であると考えます。しかし、教師は同時に行われるすべての話し合いや振り返りに参加することはできません。ワークシートへの記述は、話し合いの結果を示すことが多いように思われます。そこで、この認知的な学習の場面を評価する際に、録音・録画を用いるというのはどうでしょうか。

　例えば、ボール運動系の授業では、ホワイトボードを撮影しながら話し合いの様子を撮影していきます。ホワイトボード上のマグネットをプレイヤーに見立てて音声と共に動かしていくのです。いわゆる作戦タイムにも活用することができるでしょう。また、話し合い活動を撮影する際には、長くなることも予想されるので、話し合いの過程を短くまとめて撮影するということも行います。短くまとめてアウトプットすることで、自分たちの理解も深まるものと思われます。

(7) 授業後の評価

　教師は、授業後に学習者が蓄積した映像を視聴するわけですが、もしかすると、読者の中には、これが大変だと思われる方もいるかもしれません。私も自分が実践する際に負担になるのでは、と思っていました。しかし、実際にやってみると「どんなことを話しているのだろう」という期待もあり、負担感はありませんでした。むしろ、ワークシートを見ているときよりも鮮明にイメージが湧くため、よりよく学習者を理解し解釈することにつながっていると実感できました。可能であれば、映像だけではなく、音声データや文字情報を盛り込むとさらに厚みのある評価情報になると思います。私は、学習者が書いたワークシートや図などを映像に入れるようにするなど、いろいろな側面からの情報を盛り込むように心掛けました。

173

第6章 体育における ICT 利活用のアイデア

ICT 活用のイメージ

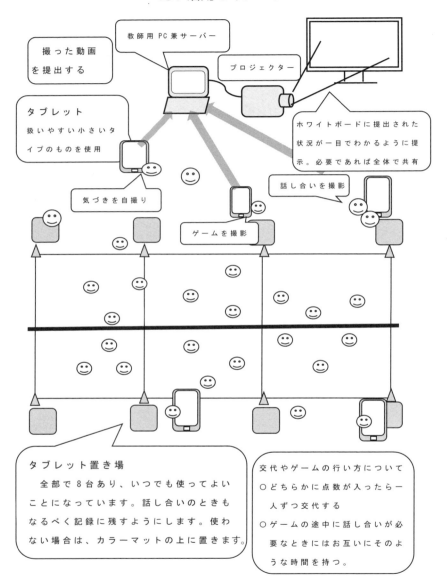

3．蓄積したデータの活用アイデア

　学習者が、活動を通して学んだことを真正に評価することは当然のことです。そのためには、客観的に効率よく評価することを乗り越え、質的な学習状況を見とること（鈴木・梅澤、2015）が必要になります。鈴木・梅澤（2015）は、その具体的な方策として、「質的な学習履歴を蓄積し、能動的に学習を振り返るため」のポートフォリオ評価の必要性を提案しています。特に体育は、身体活動をともなって学ぶところに大きな特徴がある教科です。身体を使って動いて学んだ過程や成果を蓄積し、ステークホルダーで共有したいという思いから以下の実践を行いました。

（1）授業の概要
①単元名：私のなわとびカードをつくろう！
②対象：4年生34名（男女各17名）
③目的：縄跳びのおもしろさを味わい、オリジナルのカードに残してみんなに広めよう
④単元計画　全6時間

時間	1	2	3	4	5	6
内容	○おもしろさを広げよう	○カードをつくろう			○記録に残して交流しよう	
	個人の活動　⇒　個人・グループの活動　⇒　グループの活動					

（2）学びの方向
　最初の時間は、これまでの学習で行ってきた縄跳びの楽しみ方を確認する時間にしました。いろいろな跳び方を思い出したり、複数で遊ぶ行い方を試したりしました。教師からは、「止め技」や新しい技を紹介し、おもしろさの幅を広げることを行いました。この単元は、グループで学習しながら「私のおもしろさ」を追求することをテーマにし、最終的に「私のなわとびカード」を作成することを確認しました。また、学びの内容は、タブレット機器を用いて蓄積していくことも確認しました。2時間目までに自分のやりたい技や追求したいおもしろさを定め、グループ活動に入っていきます。

第6章 体育における ICT 利活用のアイデア

(3) ICT 機器を介したコミュニケーション

単元の中盤からは、グループで交代しながら自分の追求することを蓄積していきました。同時に、カードも作成していきます。カードは、検定カードのように自分で難易度別に技を示すものやおもしろさ別に示すもの、歌に合わせて跳ぶ方法を示すもの、楽しみ方別に示すものなど様々な方向性を認めるようにしました。共通した方向性としては、巧みな動きを取り入れていくことです。

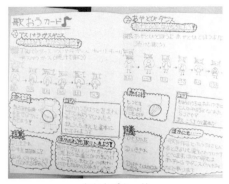

なわとびカード

カードには、それぞれ技や遊び方の解説やポイントなどが書きこまれています。学習者は、カードを作成しながらタブレット機器を用いて撮影を試みます。その際に起こる撮影者とのやり取りを通じてお互いの内容を把握し、理解していきました。撮影された映像は、その場で確認します。個人で行う活動ですが、自然とグループのメンバーが顔を寄せ合います。グループは、普段の生活班で援用していますので、得意な子もいれば苦手な子もいます。

カードの作成

全員が同じ技を獲得することを志向した学習ではなく、それぞれの目指す方向が異なり、カードを通じて理解し、ICT 機器に収集していくというプロセスは互いのコミュニケーションを促進させたと考えます。ICT 機器を用いて収集したいのは、失敗が許されないパフォーマンスではありません。失敗しても安心して何度でも繰り返しトライできるという遊びの要素が前提となったパフォーマンスです。そのような意

撮影の様子

176

4　評価場面のアイデア

撮影の打ち合わせ

映像の確認

味で、本実践の学習者は、ICT機器を用いて上手に遊んでいたと解釈しています。

（4）ポートフォリオとしての活用

単元の終盤には、右の写真のように、試技者、撮影者、解説者、と役割を決めて互いのパフォーマンスを映像に残す活動を行いました。残された映像からは、互いの役割を実行しながら、みんなで創り上げていくんだという協同関係が数多く見られたように思います。タブレットに蓄積された映像

の数は、学習者によって異なりましたが、特に上限を決めずに、自らが追求したい方向性とカードを基にして映像を作成するように働きかけました。

授業後、カードと映像を用いて保護者に学習の内容を伝えるという活動を盛り込みました。試行的な試みということで、保護者に内容説明を行い、趣旨に賛同してくれる家庭に対して行うことにしました。

子どもたちには、家でおうちの人にカードを使って学習の内容を説明するという活動内容を伝え、実施しました。同意を得た家庭の子どもは、メモリースティックに蓄積した映像を保存し、家庭に持ち帰るということを行いました。

（5）保護者の捉え方と今後の課題

本実践は、初めての試みでしたのでしたので、保護者から率直な声を聞かせてもらうことも行いました。多くの保護者からは、本実践の目的を理解し、賛同し

第6章　体育における ICT 利活用のアイデア

てくださる声をいただきました。以下にその内容の一部を紹介します。

> - 体育（特に小学生）は体で覚えるイメージでしたが、考える・記録する・振り返る等、違う視点で捉えることができるのかなと思いました。親としては、目に見えにくい子ども体育の取り組みを知る機会が増えるのはうれしいことです。
> - 私（親）と見ることで、私から「上手になったね」と励ましの言葉が本人のモチベーションにつながったようでした。単にできているかどうかの確認に留まらず、どのように考えて練習しているか、どのように上達したのか、会話では引き出せないいたるところまで聞くことができました。
> - このように生き生きと縄跳びをしている姿を見て親として感動を覚えました。動画の中で、先生でしょうか、あるいはお友達でしょうか、縄跳びの課題をその都度説明しながらからだ全体でチャレンジしている姿を見て運動を本当に楽しんでいることを実感しました。
> - 普段は、どの程度跳べるのかを話の中で知る程度なので、実際に跳んでいる姿を見ることができるのは大変有意義のるように感じました。他の教科に関しては、何らかの手段で実態を把握することができますが、運動能力については、言葉や文字では伝わりにくいものです。それを可視化する手段として動画を使用することは、大変有効な取り組みだと思います。
> - 動画の中には、同じような内容の物も入っており、動画を作ること自体についても試行錯誤を繰り返した様子が見られて、そこにも感心させられた。

　保護者からの質問として多かったのは、「子どもの縄跳びの技能は、4年生としてどうなのか」「他の子どもと比べてどうか」という内容でした。つまり、相対的な評価の指標が知りたいということです。ポートフォリオの映像は、セキュリティの観点から意図的に本人のみが映るように配慮しています。そのため、保護者は、学習者同士を比べることができないのです。授業者である私の中には、学習者同士の出来栄えを比べ、相対的に評価するという視点はありませんでした。そのため、保護者からの感想を読み、改めてその視点に気づいたというところでした。保護者は、周囲の状況も含めて全体の様子がわかりませんので、当然の反応といえるかもしれません。今後は、教師と学習者のみならず、保護者も含めた形で体育に対する評価観を共有していく必要があると考えます。
　本実践は、事前に保護者に趣旨を説明し、協力を要請する形で進められました。

4　評価場面のアイデア

どの家庭にも持ち帰ったメディアを視聴できる環境があるとは限りません。また、映像を二次使用される危険性もあります。そのため、本実践で用いた映像には、本人のみが映るように配慮しました。幸いにも、各保護者の理解も十分に得られたため、事故やトラブルは一切ありませんでした。今後は、他領域での活用を考えた場合、他者と共に活動する映像は外せないものになります。そのためにも一層セキュリティ面、モラル面に対する理解とルールを整備する必要があると考えます。

4．まとめ

　本節では、評価場面における活用のアイデアを実践例とともに提案してきました。近年では、ICT機器を用いて展開される体育授業は特別珍しいものではありません。これから当たり前のように導入される中で、場面や使い方を十分に検討する必要があると考えます。

　例えば、器械運動系の授業では、技を行う人の動きを撮影し、その映像をもとに動きを分析的に捉え課題解決に用いる、という展開例を見ることがあります。手がかりになるようなポイントや映像などを基に課題が解決できているかどうかを判断していくわけです。もちろん、効果的な成果も期待できますが、個人的には小学生の段階には早いのではないかと感じています。小学生の段階では、問題解決の過程で直面する情況や自分の内から生成される「感じ」や「気づき」が大切であると考えます。そして、それらを蓄積したり鮮明にしたりするためのICT活用が求められているのではないでしょうか。本稿で示した活用例が、そのようなことを考える上での手がかりになるのではないかと思っています。

＊本稿で紹介した実践は、私が小学校の教師として、お茶の水女子大学附属小学校で行ったものです。

【文献】
宇土正彦・高島稔・永島惇正・高橋健夫（1992）新訂体育科教育法講義、大修館書店、p108。
鈴木直樹・斉藤祐一・大熊誠二（2015）新しい学習評価について考えてみよう、鈴木直樹ら編、新しい体つくり運動の学習評価の実践、創文企画。
鈴木直樹・梅澤秋久（2015）体育の学習評価の様々な方法、鈴木直樹編、新しい体つくり運動の学習評価の実践、創文企画。

あとがき

　読者の皆様、本書を手に取ってくださいまして、誠にありがとうございました。私たちは、小・中・高等学校の先生方およびこれから先生を目指す学生の皆さん、体育のICT利活用にご興味がある皆様お一人お一人に、お話しさせていただくように、思いを込めて綴りました。そして、読者の皆様の向こう側にいる子どもたち、皆様がこれから出逢うまだ見ぬ子どもたちのことも意識して執筆に励みました。心を込めて、子どもたちへも届くように、語りかけるように、努めました。なぜなら、執筆者全員が教師だからです。

　編著者の鈴木直樹先生と私の共通点は、共に小学校教師だったということです。現在は大学教員ですが、いつも心は、小・中・高等学校の学校現場に向けられています。

　本書が誕生する9年前、私が初めて鈴木直樹先生とお話させていただいたのは、2010年（平成22）年の第61回日本体育学会の時でした。場所は中京大学でした。亡き父の母校です。彼もまた教師でした。中学校の体育教師でした。きっと私は彼の背中を追いかけ、いつかいろいろな話ができると想って、今に至っているのだと思います。そうしたことが、本書の企画をいただき、今、ここで、鈴木直樹先生とのご縁を手繰り寄せてみると、しばし忘れていた気持ちがじわりと引き出されたとように感じます。それは、私の原点なのかもしれません。

　私がそうであるように、本書をご執筆された先生方もまた、それぞれに大切な人がいて、伝えたい想いにあふれています。ご執筆に際しては、一番近い言葉、言葉にならない言葉を探していただきました。そして、出来上がったそれぞれの文章は、いずれも実践がもつ力強さや、体育授業がもつ可能性について、ICT利活用という視点から切り込んでいこうとするものとなりました。

　体育におけるICT利活用した実践者の声、実践で語る体育授業、よくある体育のICT利活用の疑問や問いに対する返答、ICT利活用のアイデア。そこには、ICT利活用ならではの子どもたちの豊かな学びがあります。合わせて、実践された先生方のお人柄もうかがい知ることもできます。よく、「教師になる」という言い方をします。まさに教師に「なる」とはどういうことなのかを考えさせられます。それは、ICT機器という新たなツールの誕生に際して、教師がどのように

181

実践と向き合い、新しい実践を創り出し、目の前に立ち現われる出来事をどのように解釈していくのかについても、執筆者の先生方が伝えようとしていたからです。

　ICT が生み出す体育の未来や体育の ICT 利活用の理論では、これまでの ICT 利活用に関する教育政策、実践を取り巻く誤解、成果と課題、そして系統性について分かりやすく整理されています。実践のもつ力強さを支える理論が、学校現場の追い風となり、学校現場の「味方」になる「見方」となっていくことを願っています。

　最後になりますが、この貴重な機会を与えていただいた創文企画の鴨門裕明様に、感謝の意を伝えさせていただくとともに、この書籍が、体育の主体的・対話的で深い学びを支える ICT 利活用の一助になれば、執筆者一同、幸甚の極みです。

　　　　　　　　　　　　　　　　平成 31 年 2 月
　　　　　　　　　　　　　　　　編者：鈴木一成（愛知教育大学）

執筆者一覧

編　者

鈴木　直樹（東京学芸大学・准教授）

鈴木　一成（愛知教育大学・准教授）

執筆者

石井　幸司（江戸川区立新田小学校・主幹教諭）

石塚　　諭（宇都宮大学・講師）

大熊　誠二（東京学芸大学附属竹早中学校・教諭）

大塚　　圭（鴻巣市立赤見台第一小学校・教諭）

川村　幸久（大阪市立堀江小学校・首席）

榊原　章仁（阿久比町立東部小学校・教諭）

杉本　好永（春日井市立藤山台中学校・教諭）

谷　百合香（東京学芸大学附属世田谷中学校・教諭）

中嶋　悠貴（名古屋市立鶴舞小学校・教諭）

成戸　輝行（愛知教育大学附属名古屋小学校・教諭）

松田　綾子（廿日市市立四季が丘小学校・教諭）

水野　広貴（瀬戸市立東明小学校・教諭）

本山　寛之（大阪市立堀江小学校・教諭）

山口　正貴（三鷹市立大沢台小学校・教諭）

※所属・役職は 2019 年 3 月現在。

体育の「主体的・対話的で深い学び」を支えるICTの利活用

2020年3月31日　第2刷発行

編　者	鈴木直樹・鈴木一成
発行者	鴨門裕明
発行所	㈲創文企画
	〒101-0061　東京都千代田区神田三崎町3-10-16　田島ビル2F
	TEL:03-6261-2855　FAX:03-6261-2856
	http://www.soubun-kikaku.co.jp
装　丁	㈱オセロ
印　刷	壮光舎印刷㈱

©2019 NAOKI SUZUKI　　　　　　　　　　ISBN 978-4-86413-115-5